U0803064

点金农业
——农业企业财金管理转型

夏雪峰　靳　铮　编

中国农业出版社
北　京

图书在版编目（CIP）数据

点金农业：农业企业财金管理转型 / 夏雪峰，靳铮编．—北京：中国农业出版社，2021.11
ISBN 978-7-109-28814-0

Ⅰ．①点… Ⅱ．①夏… ②靳… Ⅲ．①农业企业管理—财务管理 Ⅳ．①F302.6

中国版本图书馆 CIP 数据核字（2021）第 202206 号

中国农业出版社出版
地址：北京市朝阳区麦子店街 18 号楼
邮编：100125
责任编辑：姚　佳　　策划编辑：边　疆
版式设计：杨　婧　　责任校对：沙凯霖
印刷：北京中兴印刷有限公司
版次：2021 年 11 月第 1 版
印次：2021 年 11 月北京第 1 次印刷
发行：新华书店北京发行所
开本：700mm×1000mm　1/16
印张：10
字数：180 千字
定价：58.00 元

版权所有 • 侵权必究
凡购买本社图书，如有印装质量问题，我社负责调换。
服务电话：010－59195115　010－59194918

理论彻底，策略准确。然后以排除万难坚定不移的勇气和精神向前干去，必有成功的一日。

——邹韬奋

天下事当于大处着眼，小处下手。

——曾国藩

前　言

当大数据已经用于服务50亩左右种植户的稻瘟病监测，你以为农业大数据离你很远。

当鱼塘扫描系统能够在5分钟内将鱼数得一清二楚，你还在说生物资产难盘点。

当物联网已经深入到小农户养殖的第一线，你还以为供应链金融离你还远。

当基因测序已用于小农场的花卉品种改良时，你以为生物科技离你很远。

当身边熟悉的农业企业登陆新三板或在境外上市时，你对他们不以为然。

当有人跟你谈起基于互联网的新商业模式，你不以为然或是一脸茫然。

关于农业企业的财金管理，你有透彻地思考过吗？

关于农业企业的财金管理，你有认真地论证过吗？

关于农业企业的财金管理，你有扎实地操作过吗？

这些问题值得我们每一位农业企业从业者好好地思考一下。

事实上，很多中国农业企业在基础的财金管理上都存在欠缺。

有人说，

80%的农业企业存在财金管理不规范问题；

80%的农业企业没有建立有效的内控制度；

80%的农业企业不了解、不清楚补贴政策；

80%的农业企业的农业保险缺少有效规划；

80%的农业企业IPO被否定是因为财务问题。

这些话虽然不完全准确，但也反映了一定的行业现状。再联想到一些作为农业行业龙头的上市公司臭名昭著的财务造假，以及少数农业企业非法集资等造成的恶劣影响，很多中小农业企业谈起财金管理就觉得矮人一等，更有不少人认为是在空谈误事。

在新的商业模式方面，很多农业企业也遇到不少问题，不仅缺少基础理论体系，也缺少落地手段。一些人缺乏控制就开始复制，把开连锁店当成新零售；有的人把直播带货、当网红等同于互联网经营；有的人对财金管理和金融知识缺少了解和学习，有时痴迷，有时怀疑，找不到方向，等等，这些都与财金管理转型相关。

中小农业企业的财金管理到底要不要去做？“互联网＋农业”“科技＋农业”已经深入人心，“金融＋农业”当然也是很多人看好的。面对身边不断登陆新三板、中小板、主板及境外资本市场的企业，许多人已经感觉到了财务和金融的力量。但相比而言，“金融＋农业”带给从业者更多的是迷惑。一方面是不会做，另一方面是不想做，还有一方面是做不懂。

当前，各个行业内产能过剩的现象处处可见，融资能力与投资能力、财金管理能力相比更加重要，时代的发展和新的管理理念赋予了农业财金管理新的内涵。

财金管理的关键：从日常管理到投资管理，最终升级为融资管理。

财金管理的对象：从财务数据到行为数据，最终与数据管理结合。

财金管理的内容：从处理事务到处理系统，最终与信用转化结合。

财金管理的层级：从职业战略到竞争战略，最终升级为公司战略。

这些变化给农业企业带来了挑战，也带来了新的机遇，每一个身处其中的企业家都难以置身事外。

自 序 一

如何在互联网背景下经营好一家农业企业？有的人认为科技重要，有人认为人才重要，有人认为政策扶持重要，有人认为互联网思维重要。由于每个人的经历、资源等不同，所以形成的认知不同，这些都没有错。

金融，处于商业食物链的顶端。财务管理，是金融的重要基础之一。财金管理思想与手段对于实现农业企业经营成功，无疑是重要的。而农业行业的企业，其财金管理又有明显不同于其他行业的特点，从商业模式、财务战略、财务预算、内部审计、财务尽调、财务舞弊、税务管理到基础财务处理，都需要财金相关专业知识的支撑，这些内容对于非财金相关专业的人士是枯燥的，但也是很重要的。

作为一个财金相关专业的从业者，对于如何在互联网背景下成功经营农业企业，笔者以为有两点基本认识，首先是以客户为中心；其次是建立竞争优势。无论儒商、道商、佛商还是其他商人，无论是领导还是管理，企业总归是因为客户有需求才有生存之源，因竞争成功才能成功而长久地生存。无论是以客户为中心还是建立竞争优势，最好的结果是消除竞争，在合法前提下形成相对垄断。虽然垄断会造成创新不足、需面对反垄断调查等问题，但创业的道路永无止境，优秀的企业家不应当回避这一问题。人财物、产供销、科研、公司战略与风险管理等管理体系，连锁经营、直播直销、异业联盟、产业园运营等运营方法，移动互联网、工业互联、人工智能、大数据、物联网、生物工程等手段，都是可以选择的方案和工具。“护城河”“定价权”“竞争壁垒”“细分领域领先地位”“区域龙头企业”等，不过是从参与竞争到形成相对竞争优势，进而实现合法前提下相对垄断的另一种说法。

只要有目标，任何企业都可以使用财金管理转型的方法。当企业规模小的时候，可以采取连锁经营、线上线下结合等方式。当企业有一定实力后，可以发展物联网、数据库等。当企业达到一定规模后，可以使用产业运营、并购重组等等发展方式。

大道至简，在商业的世界里，除了成功，企业其实并没有更多的选择，对于那些有远大追求的农业企业家而言更是如此。希望这本《点金农业》能够为农业企业的发展提供一点实用的思路和实在的帮助。

是为自序。

夏雪峰

二〇二一年十月二十八日

自 序 二

农业，是国民经济的基础产业；农业，是事关千家万户的民生行业；农业，是庞大复杂的弱质行业。农业也是较为传统的产业领域。虽然目前整个社会已经进化到了移动互联网时代，农业领域的一些企业家还是用比较传统的思维去经营企业，在激烈的市场竞争中渐渐感到力不从心，缺乏对现代化农业企业创业拓展、经营管理等方面的相关知识和方法论，尤其是财金管理方法。

笔者在金融系统工作多年，与农业的关联一直很紧密，深知这个行业中从业人员的不易。笔者接触过大量农业类投资者和新锐农业企业创业者，他们成功或不成功的故事令人难以忘怀。对于农业企业，笔者一直有很深的情怀。

基于中国农业产业发展的情怀，笔者和很多志同道合的朋友，组织了多个年度的全国“农投杯”创业大赛及多次资本路演、招商会，深度接触了200余家农业类上市公司及投资人，调研辅导了4 000余家农业类企业。笔者走遍了国内很多省市，阅读了大量行业研究报告，整理出一整套农业企业财金管理转型的系统方法论，主要包括当前农业企业商业模式、财务战略、财务预算、内部审计、财务尽调、财务舞弊、税务管理等方面的新理念、新思路、新方法，这些理念、思路和方法在实践中也取得了不错的效果。

一家企业从创立、成长到成熟会面临很多挑战，尤其是在商业模式塑造、财金管理等方面会遇到许多考验，对于农业企业而言，更是如此。笔者跟踪了很多年，发现关注这个领域的人并不多。同时笔者也查阅到不少相关的内容，发现一些内容存在不系统、不切实、不落地等问题。基于这些因素，笔者整理完成了《点金农业》一书，通过中国农业出版社有限公司出版发行，希望能够给农业企业的企业负责人、财务负责人及农业财金相关从业者提供一些帮助。由于时间仓促等原因，本书中存在不足之处，欢迎大家指正。

是为自序。

靳　铮

二〇二一年十月二十八日

目　录

概述　农业企业的财金管理转型

第一节　农业企业财金管理的现状

由于农业行业的弱质性、理论缺乏、人才缺少，农业企业的财金管理相比第二、三产业一直比较落后，大量的专业合作社没有专职会计，好一点的农业产业化龙头企业的财务处理也是问题多多，行业内上市公司屡屡爆出的财务造假丑闻。

面对农业企业的财金管理问题，有的人有“头大、眼迷、心冷、手忙、脚乱”等问题。

头大。不会做、不愿做。不懂做账、不懂补贴、不懂债务、不懂股权等。

眼迷。虚开发票、非法集资、恶意骗补、财务造假等。

心冷。违规被罚、上当受骗之后，拒绝新知识、丧失信心等。

手忙。多套账，各种报表，新知识不断更新，不知所措等。

脚乱。到处跑关系，四处忙打听，天天没闲着，疲于应付等。

当前社会上，农业企业的财金管理问题也有一些值得商榷的内容。

一、农业财金管理唯股权论

股权是非常重要的内容，这是毫无疑问的。一些农业企业连账都没做明白，就开始大力发展股权融资，着实让人担心。在没有治理基础、管理体系、产业路径等的情况下，大力发展股权有时候反受其累。进行股权融资，首先要看到股权融资的不利之处。

1. 股权融资治理门槛高。很多农业企业家对股东会、董事会、监事会等“三会”的运作规则都没搞清楚就搞融资。对新三板是什么都没搞清楚，就说新三板不行。对财务核查过程中的内部控制不以为然，对穿透式的财务尽调一无所知。动不动要去美国上市，却对浑水、香橼这些做空机构是什么都没搞明白。

2. 股权融资管理成本高。股权融资也一样是要付出成本的，且股利分红要先交纳企业所得税后再交纳个人所得税。由于“三会”的决策时间长，必然降低企业经营的效率，这对于中小型农业企业来说有可能是致命的。

3. 股权融资控制风险高。引入中小股东，就涉及信息披露的问题，而更多的中小股东意味着更大的信息披露风险。引入大股东，可能就意味着失去控制权。

4. 股权融资法律成本高。一旦出现股东之间的纠纷，对于进行股权融资企业而言，就可能涉及企业整体层面以及众多关联方的问题，而不是过去仅仅是劳动合同法律纠纷的事了。

二、农业财金管理悲观论

一说到农业企业，更多的人认为在资本市场上根本不值得一提，说这根本就是不值得投资的行业，财务造假多，行业弱质等。

1. 农业行业没有高科技？鱼脸识别、猪脸识别、花卉转基因技术、猪精冷冻技术等，难道就不是高科技？

2. 农业行业没有管理水平？在农业行业中，温氏提出的万头猪场管理13项指标、农药企业制定的多项企业标准等，均是有技术含量的。

3. 农业企业财务造假多？A股市场创立以来，发现财务造假的企业不仅仅是农业行业，康得新、芜湖港等众多的企业不属于农业，国外“安然”财务造假事件中的对象也不是农业。

4. 别的行业就那么好？手机行业每两个月就要进行一次技术升级，汽车行业竞争激烈，大飞机行业技术壁垒高……

三、一些业内流行的观点也值得考量

在财金管理的实践中，一些教材内容久未更新，就算是当代的一些观念，也有重新思考的必要。

1. 业财融合的起点是流程。如果没有战略上的成功，流程再完美也没有用。笔者认为，业财融合的起点是公司战略，财务战略是业财融合的落脚点。财务可以独立于业务创造价值，业财融合不是以企业内部门间相互服务为要义，而是服务于公司整体价值。

2. 预算管理的起点只能是销售收入。几乎所有的书上一讲到财务预算就谈销售收入，笔者认为，这是一个过时的观念。现在不少互联网企业是以免费方式获客，这种情况怎么预算收入？一些企业的预收款大大超过销售收入，把销售收入作为起点意义有多大？如果一家企业处于破产期，没有销售收入，还要以销售预算为起点吗？

3. 内部控制的关键。内部控制应该统一、规范，但世事变化多，内部控制是死的，人是活的，经营企业的目的就是要活下去、活得好，内部控制要为这一目的而设计。内部控制就像营销手册、质量控制手册等一样，是企业财金管理的重要工具。内部控制处处都有，内部控制要有“活的灵魂”，为企业经营服务，卖早点的大娘都知道微信收费时要语音播报，这样的内控只是大家没有意识到而已。

4. 财务管好账就行了，其他的事也不懂，少管少麻烦。与业务结合得少，财务的账就做不好，这是企业财金管理经常遇到的现象。一个财务工作人员，不仅仅是应对供应商、客户、银行、税务等，还可以在企业管理的多个环节中创造价值。无论是财务战略、财务预算、内审内控、税务筹划、农业补贴或是债权股权，均可以大展身手。

四、农业企业财金管理转型为什么势在必行

1. 政治。十八大以来，我国国家现代治理能力得到前所未有的重视，依法治国深入开展，反腐已经取得压倒性的胜利，乡村振兴得到高度重视，农业产业化的方向坚定不移。

2. 经济。供给侧改革、一带一路、互联网经济、“放管服”等，使中国经济进入了新常态，新零售、新制造、新技术、新金融和新能源深刻影响中国经济。同时，土地流转、食品安全、产能过剩等问题困扰着农业企业的发展。

3. 文化。道路自信、理论自信、制度自信、文化自信成为主流，廉洁文化深入人心，品质生活不再奢望。同时，新旧观念冲突明显，做假账、虚开发票、非法集资仍有发生。

4. 技术。“大智移云”近在咫尺，5G技术、生物技术等突飞猛进，中国专利数量全球领先。同时，专利纠纷、技术同质化等问题依然严重。

财务基础不建不行。农业企业的招标、申请补贴绝大多数要求提交财务审计报告，不做账是不行的。

财务规范不认不行。过去申请补贴可能会考虑送多少礼，如今各环节严格审计、检查，不规范不行。做个多套账，心里有多乱，做过的都知道。

大数据管理不服不行。过去以为找点普通发票报销没事，找点专用发票抵进项问题不大，现在有这种想法就意味着风险。消灭现金不是说着玩的，大数据管理不是空穴来风。多机构、多部门数据共享成为现实，业财融合不断推进，管理升级势在必行。

财金知识缺乏不行。没有信用卡、没有房贷、没有车贷等当然也能活，但只靠自己的本钱做企业，能活多久也不确定。财金管理理念、知识不断更新，供应链金融、股权融资等各种工具应接不暇，行业整合风起云涌，做大做强不能缺少财金知识。

新商业模式的挑战不得不面对。基于移动互联网、工业互联的新商业模式正在行业中引起新的剧变，人工智能、大数据等已经真实地在农业行业中落地生根。

五、中国农业企业财金之路应当怎么走

1. 要想透、做透、通透。“互联网＋”“科技＋金融”在农业这条路上到底要不要走？又当如何走？这个问题要想透彻，互联网思维和工具、金融思维和工具要学透彻、做透彻，只有这样才能从思路上和行动上通透。

不少农业企业不重视财金管理，很大一个原因是想不透。不会做账、不懂做账、不愿做账。一方面是能力不足，缺少专业人才；另一方面，还是企业负责人没有重视财金管理。

在实践上，将一项财务事务做透，将为企业带来意想不到的收获。例如将农业补贴做透，向各个单位争取最大可能的政策支持，以大项目带动整个企业乃至行业升级。将内部审计做透，以内部审计促进公司战略实施和风险控制。将财务尽调做透，对投资项目尽调到位，将为企业管理提供保障，以财务尽调的手段对竞争对手进行调查，将为企业竞争提供精准信息。

在财金管理上的通透，将为农业企业的经营插上腾飞的翅膀。在这一点上，无数成功的案例足以说明。

2. 要实战、实用、实效。农业企业的财金之管理路非一帆风顺，专业性强、风险控制要求高，要立足实战。财金工具的任用要切合行业实际，切入企业自身实际。财金活动要以实效为根本目标。

农业企业面向实战开展财金管理，是必须面对的课题。宏观环境要求系统不断提升财金实战管理能力，“大智移云”对各行各业的深入影响不断显现，财金竞争近在眼前。

财金管理从来不缺少实用的工具，而企业负责人对此缺少研究，对人才的引进和培育不够。

财金管理能够给企业带来实效，无数的事实已经证明，农业企业财金管理的实效需要农业企业的每一个人付出智慧和汗水。

第二节　农业企业财金管理的转型

一、财金管理的对象，从财务数据到行为数据，最终与数据管理结合

基于互联网的新商业模式对数据非常重视。从销售端海量的消费者财务数

据到行为数据，到智能工厂的即时生产数据，再到供应链的即时追溯数据体系等，均将成为提升经营绩效和打造商业竞争力的重要推手。

对于财务部门而言，很多财务专业的人习惯性地说起财务报表、账本、凭证等。当今时代，微信、支付宝等均已经兴起，5G 时代正打开大幕，“大智移云”近在咫尺。财金管理的对象应进一步向行为数据过度，并最终与数据管理结合。例如公司的全部人员的绩效都可与行为数据结合，保安的绩效主要指向安全，其管理的关键是巡逻路线、监控稳定性等；供应商管理的关键是及时性、性价比等；客户管理的关键是渠道利润率、复购率等。

二、财金管理的内容，从处理事务到处理系统，最终与信用转化结合

信用转化是基于互联网的新商业模式中的高级阶段，通过建立数据体系形成信用体系，进而任用信用体系进行融资、授信、交易等，将极大地提升交易效率和效益。

多个日常单点事务的处理，由点形成线。财金管理涉及很多系统，由各个“线”组成“面”。例如会计系统、人力资源系统、供应商系统、生产系统、客户系统、税务系统、银行系统、投资方系统等，将这些系统最终落实到信用系统才是根本。过去，企业想做很多套账，应付不同的系统。当前，国家现代治理能力不断提升，各种系统不断融合，以企业价值最大化为目标的信用系统才是根本落脚之处。企业必须抛弃财务造假的思路，转而从商业模式创新、技术创新、财金管理创新等方面寻求突破。

三、财金管理的关键：从日常管理到投资管理，最终升级为融资管理

基于互联网的新商业模式，对日常管理的基本方向是数据化、标准化、体系化，这些将为企业成功复制及扩张提供强有力的支持。投资管理成为必然的一个选项，而融资管理将为投资管理提供强有力的支撑。

长期以来，创业思路主要在利润表和资产负债表上体现。创业，先要找到启动资金，然后进行市场营销取得收入，再生产产品和控制成本，如果形势好有了利润，接着融资扩大销售、生产等。然而，当前商品过剩、产能过剩、项目过剩等现象处处都有，过去这种靠产品、营销过日子的方式已经难以适应。

如果以现金流量表的思维来反着看这件事，情况大有不同。找一个靠谱的项目，先谈谈分配和筹资的事，然后谈谈投资比例的事，再谈谈经营现金流的事。运用互联网思维免费模式，把产品作为与客户沟通的桥梁，把时间和资金

放在为客户服务和平台组建及运营上。这在不少农业项目上已经有所体现，比如植保无人机项目，收取订金免费送无人机，但是农资和服务收费，分区域复制，最后建成闭环生态圈。

相比于经营能力和投资能力，融资能力已经变得更为重要，尤其是整合各种资源的能力。融资，不仅仅是融通资金，还包括人、物、产、供、销、项目、渠道等资源。

四、财金管理的层级，从职业战略到竞争战略，最终升级为公司战略

基于互联网的新商业模式正在改变企业经营的DNA，财金管理作为新商业模式的重要组成部分正在发挥着不可替代的作用。

在很多人的观念里，财金管理主要还是专业技能。重视财金管理，将为企业竞争增加重要的砝码。财金管理不仅仅是竞争战略的重要组成部分，也完全可以升级成为公司战略。从产品经营到资本运作，最后上升到并购重组，财务战略和金融手段已经成为必不可少的选项。

不能否认的是，并不是每一个企业都能掌握新商业模式的精髓，也不是每一个企业都能够在残酷的商业竞争中长久活下去。同时，我们也有理由相信，那些能够适应互联网经营并成功转型升级的企业将创造了不起的成就。

第三节　中小型农业企业财金转型的三个角度

一、企业竞争角度

市场不相信眼泪，中小企业的生存与发展面临各种竞争，在互联网时代，这一法则一样不会改变。知己知彼，百战不殆，对行业、竞争对手、客户等的调查研究要时刻放在心上。财务分析、财务调查也是调查研究的重要内容，例如财务尽调，就是非常重要的工具，“浑水”“香椽”等国际做空机构就给我们提供了很好的范例。

每一个企业都存在资源短缺的情况，如何利用有限的资源争取最大的成果，这是中小企业财金战略的出发点。一方面，要从核心竞争力角度出发打造战略生存能力，例如成本控制能力就可以成为企业的核心竞争能力。另一方面，要从行业延伸角度思考问题，例如财金管理与供应链管理结合，对上下游进行深度控制等。

“先胜而后求战”，财务预算、内审与内控管理能力将为企业打造竞争力提

供保障，拒绝财务造假、做好税务筹划和财务尽调等也是企业立于不败之地的关键，做好政策解读和农业补贴申报是农业企业财金管理的要点。

二、产业运营角度

产业运营是新商业模式的出发点，以客户为中心建立立体盈利模式，而不仅仅是依靠产品体系。产业运营角度也将为企业经营提供更加广阔的思路。

从“企业家”到“产业家”，每一个细分行业的运营都有可能产生伟大的企业。在西方战略管理中，习惯于讲“横向一体化”“纵向一体化”“集中差异化”等术语。其实，在中国传统文化中可以得到很多启发，《孙子兵法》《三十六计》等为财金战略提供了丰富的思路。在局部区域，通过供应链管理合纵连横，通过产品重构建立竞争优势，通过商业生态体系建设攻击竞争对手等，将为产业运营提供支撑。

三、资本运作角度

当前，国家现代治理的能力不断提升，产能过剩时代已经来临，“大智移云”对于行业的影响更是深入而广泛，这些要素深深地影响了农业企业的资本运作。一方面是要求企业重视财务规范和财务工具的学习与任用，要求企业在加强财金管理和投资管理能力建设的同时要更加重视融资能力建设。

一直以来，MBA 的案例中多是基于买方的投资并购战略，基于卖方角度的投资并购战略较少人重视。中小型农业企业资本运作前路漫漫，但也没有必要退缩不前，从现有条件开始，从身边的事务开始，从熟悉的项目开始，相信未来值得期待。

第四节　农业企业财金管理转型要点和方向

一、农业企业财金管理转型的要点

农业企业财金管理转型有两个要点，一是重视数据，提升信用转化能力；二是业财融合，提升整体管理成效。

从理论和理念上理解财金管理转型，最终落实到实操上，财金管理转型的两个重要落脚点还是数据和业务。这里的数据不仅仅是财务数据，还包括行为数据以及信用转化能力。业财融合提了很多年，业财融合仅仅停留在业务层面还不够，应提升至战略层面。

二、农业企业财金管理转型的方向——与时俱进

新的商业模式对农业行业的影响正在显现，大数据、智能制造、移动互联网、云计算近在咫尺，消费升级、环保风暴、反腐败等深入开展，零现金支付计划、金三系统升级、猪脸识别系统等目不暇接，每一个企业家和财务人，都要有与时俱进的紧迫感。

上　篇

农业企业商业模式理论与实务

第一章　农业企业商业模式理论

第一节　商业模式概述

一、商业模式的发展

商业模式的定义是：一个组织在何时（when）、何地（where）、为何（why）、如何（how）和多大程度（how much）地为谁（who）提供什么样（what）的产品和服务（即7“w”），并开发资源以持续这种努力的组合。哈佛商学院将商业模式定义为“企业赢利所需采用的核心业务决策与平衡”。例如，Google让普通用户免费使用其搜索引擎，而通过定向广告从企业客户那里获得收益。商业模式最通俗的定义是：商业模式就是描述企业如何通过运作来实现其生存与发展的“故事”。在网络热潮时期，硅谷的许多创业者曾通过给投资者讲一个好的“故事”而获得巨额融资。

《商业模式全史》中提到，商业模式术语及经营战略术语略带庸俗又极其暧昧，发展至今可谓一路坎坷。它们时而被褒、时而被贬，时而受人冷落、时而受人拥戴。商业模式术语的历史大致可以分为以下三个阶段。

第一个阶段，从远古到1990年前后。这个时期虽然也存在着商业模式的概念以及相关术语，且这些概念和术语对日后诸多方面的变革都起到了决定性的作用，但当时使用它们的人却寥寥无几。

第二个阶段，1991—2001年。为了解释互联网经济，商业术语在这一时期迅速发展至顶峰。20世纪90年代中期，随着互联网的大规模普及，互联网经济也取得了蓬勃发展。1993年，Mosaic浏览器(2)公开后，亚马逊和雅虎都顺势而起。到了1998年，商业模式本身也成为一种专利（例如Price line的逆向拍卖模式），无论是企业主、投资人，还是经营者、媒体，都纷纷使用此类术语，许多学者也对此表现出极大的兴趣。

第三个阶段，2002年至今。随着2001年网络泡沫的崩溃，人们都认为“商业模式”这类术语也会和其他经营流行语一样最终因过时而惨遭淘汰。然而，“商业模式”竟奇迹般地存活了下来，这必须归功于它的两大作用。作用之一是它回答了“竞争优势的持续性如何”，作用之二是它回答了“新方法”的问题。而这两个问题恰恰是21世纪经营战略论必须要面对的两大课题。因此，2002年以后“商业模式”又迎来了它的“第二春”，即“商业模式”的第三时期。

迄今为止，商业模式似乎很好地解释了创新的实现和商业的持续竞争优势这两大问题，这不得不令人拍手称赞。不过，我们面临的最终挑战是如何运用商业模式来成功解决这些问题。

无论商业如何变化，其中的商业模式都是有规可循的，都是能够为我们所认知的。现代管理学之父彼得·德鲁克说："今天企业之间的竞争已经不是产品和服务之间的竞争，而是商业模式之间的竞争!"一个企业要做强做大，一定要重视商业模式。

不少企业做到一定阶段就做不大了，为什么？因为一开始就错了。有人对创业企业案例中的数百家企业进行统计，得到了这样一组数据：在创业企业中，因为战略原因而失败的约占 23%，因为执行原因而夭折的约占 28%，因为没有找到正确的商业模式而走上绝路的高达 49%。

商业模式是一种工具和思维，当你洞悉了商业模式与企业发展的关系，你的内心就比别人更有格局，创业也会少走弯路。

任何一个商业模式的实现都取决于一些关键要素，将其找到、分解，再找到最合适的人来完成它，告诉他做到什么就能拿到什么样的回报，一个可以看到、可以清晰计算出个人回报的量化指标，往往胜过千言万语的激励。

顶尖的企业一定是制造游戏规则的，例如阿里巴巴，如果是他自己收集几十万种产品，再去找人卖，估计早就破产了。而阿里巴巴成功地创造了一种让每个人开店赚钱的模式，并让每个人相信它，于是网商云集，自己经营自己的生意，阿里巴巴要做的仅仅是管理和维护它所制定的规则。

商业模式的兴起、发展与互联网的兴起、发展紧密相关，商业模式的设计与互联网思维密不可分。

二、互联网思维

（一）何谓"互联网思维"

互联网思维是一个多元概念。一般认为，互联网思维指在（移动）互联网、大数据、云计算等科技不断发展的背景下，对市场、对用户、对产品、对企业价值链乃至对整个商业生态进行重新审视的思考方式，本质是发散的非线性思维。

（二）互联网思维的特点

互联网思维的特点概括起来就是："民主、开放、平等"。

（三）互联网思维的核心理念

互联网思维由以下八个核心理念构成。

1. 用户思维。互联网思维最重要的就是用户思维，在价值链各个环节中都要以用户为中心去考虑问题。在价值链的各个环节，建立起"以用户为中心”的企业文化，只有深度理解用户才能生存。没有认同，就没有合同。要遵循三个法则：一是得草根者得天下。成功的互联网产品都抓住了草根一族的需求。二是兜售参与感。按需定制和在用户的参与中优化产品。三是体验至上。用户体验从细节开始，让用户有所感知，并超出用户预期，给用户带来惊喜。用户思维体系涵盖了最经典的品牌营销的 Who-What-How 模型。Who，目标消费者——草根一族；What，消费者需求——兜售参与感；How，怎样实现——全程用户体验至上。

2. 简约思维。互联网时代，信息爆炸，用户的耐心越来越不足，所以必须在短时间内抓住用户。要遵循两个法则，一是专注。专注才有力量，才能做到极致。苹果就是典型的例子，1997 年苹果接近破产，乔布斯回归，砍掉了 70%的产品线，重点开发 4 款产品，使得苹果扭亏为盈，起死回生。二是简约。在产品设计方面，要做减法。外观要简洁，内在的操作流程要简化。Google 首页永远都是清爽的界面，苹果手机的外观、特斯拉汽车的外观，都是这样的设计。

3. 极致思维。极致思维，就是把产品、服务和用户体验做到极致，超越用户预期，打造让用户尖叫的产品。尖叫，意味着必须把产品做到极致，超越用户的想象使其惊叫。有三个方法：第一，“需求要抓得准”（痛点，痒点或兴奋点）；第二，“自己要逼得狠”（做到自己能力的极限）；第三，“管理要盯得紧”（得产品得天下）。服务即营销，为顾客制造惊喜，站在顾客角度提供细致的个性化服务。

4. 迭代思维。这是一种以人为核心，反复、循序渐进的开发方法，允许有所不足，不断试错，在持续迭代中完善产品。有两个要点，一个“微”，一个“快”。“微”，要从细微的用户需求入手，贴近用户心理，在用户参与和反馈中逐步改进。“可能你觉得是一个不起眼的点，但是用户可能觉得很重要”。二是精益创业，快速迭代。“天下武功，唯快不破”，只有快速地对消费者的需求做出反应，产品才更容易贴近消费者。

5. 流量思维。流量意味着体量，体量意味着分量。“目光聚集之处，金钱必将追随”，流量即金钱，流量即入口，流量的价值不必多言。要遵循两个法则：一是免费是为了更好地收费；二是坚持到质变的“临界点”。任何一个互联网产品，只要用户活跃数量达到一定程度，就会开始产生质变，从而带来商机或价值。

6. 社会化思维。社会化商业的核心是网，公司面对的客户以网的形式存在，这将改变企业生产、销售、营销等整个形态。要遵循两个法则：一是利用好社会化媒体；二是众包协作。众包是以“蜂群思维”和层级架构为核心的互联网协作模式。要思考如何利用外脑，不用招募便可“天下贤才入吾彀中”。

7. 平台思维。互联网的平台思维就是开放、共享、共赢的思维。平台模式最有可能成就产业巨头。全球最大的100家企业里，有60家企业的主要收入来自平台商业模式，包括苹果、谷歌等。要遵循三个法则：一是打造多方共赢的生态圈。二是善用现有平台。三是让企业成为员工的平台。让员工成为真正的“创业者”，让每个人成为自己的CEO。

8. 跨界思维。随着互联网和新科技的发展，很多产业的边界变得模糊，互联网企业的触角已无孔不入，如零售、图书、金融、电信、娱乐、交通、媒体等。遵循两个法则：一是携“用户”以令诸侯；二是颠覆式创新。一个真正厉害的企业，一定是手握用户和数据资源，敢于跨界创新的组织。

拥有互联网思维，才能在“互联网+”时代纵横商海，无往不胜。而所谓的互联网思维的精髓简单说来就是用户至上、体验至上、服务至上、平台至上，这些内容深深地影响了新时期企业运营的商业模式。

商业模式设计在国外较为流行的有四个理论和方法。

第一类是麦肯锡曾经用到的7S理论。麦肯锡顾问公司研究中心设计的企业组织七要素，指出了企业在发展过程中必须全面地考虑各方面的情况，包括结构（structure）、制度（system）、风格（style）、员工（staff）、技能（skill）、战略（strategy）、共同的价值观（shared values）。该方法主要用于大企业。

第二个是BCG提出的商业模式设计的方法。BCG把商业模式分成了价值定位和价值传导两个大的层面，每个层面的又分别包括了三个小的具体的模块来进行设计和规划。经营管理模式为欧美模式，脱离了中国实际。

第三个是IBM提出的CMB商业模式。把一个企业的所有的业务都从价值链的角度打成许多细小的模块，从每一个细小的模块出发，去发现商业模式设计的价值点和提升的点。21世纪初的十年间为很多公司所使用。

第四个是大家比较熟悉的商业模式画布，把商业模式涉及的9个关键构造块整合在一个“商业模式画布”中，每个构造块对应画布上的一个空格，通过向这些空格里填充相应的内容，描绘商业模式或设计新的商业模式。

随着于互联网经济的不断推进，“大智移云”、5G技术、物联网等在各个领域的应用越来越深入，基于互联网思维的商业模式设计与落地在各行各业中不断涌现，国内外有很多专家、学者和企业家在这方面有论述，例如大前研一的《商业模式教科书》、克里斯·安德森的《免费》、魏炜和朱武祥的《发现商业模式》《重构商业模式》《商业模式的经济解释》等、周导的《逆向赢利》等，这些都是非常值得学习的内容。

农业行业有着与其他行业不同的特性，各个细分行业及其在不同的区域又有区别。例如生物病害问题、产品品质问题、生产效率问题、环境保护问题、组织管理问题、行业周期问题等，互联网思维在农业领域中的商业模式设计与落地明显不同于其他行业。盲目进行复制，带来的是更多的风险；强行进行招商，带来的是不尽的烦恼；不当的融资，引起不必要的法律纠纷。

设计农业企业的商业模式一定要与细分行业、所在区域、所处时期、企业自身情况紧密结合起来，不仅要解决经营思维上的问题，也要解决实际操作的问题。

三、农业与互联网思维结合的方向

（一）数字农业

近年来，智慧农业这种利用物联网、人工智能、大数据等现代信息技术和农业进行深度融合，实现农业生产全过程信息感知、精准管理和智能控制，实现农业可视化诊断、远程控制以及灾害预警等功能的全新农业生产方式已崭露头角，数字农业科技在我国农业体系质量变革、效率变革、动力变革中正发挥着巨大推动作用。

在经历了生物农业、化学农业、机械农业阶段后，我国正探索迈进以信息知识为生产要素，互联网、物联网、大数据、云计算、自动化、智能装备应用为特征的现代智慧农业 4.0 时代。以种植过程公开化、劳力管理智能化、种植技术智能化、农业管理智能化为场景的新型农业模式趋势渐成。AI＋5G 正在构建农业新生态，农业机器人、农作物监测、环境监测、病虫害预测、资产盘点、生产监控等农业人工智能应用空间巨大。

（二）农业物联网

用现代信息技术改造传统农业、装备农业是实现农业现代化的重要途径。物联网技术是现代信息技术的新生力量，是推动信息化与农业现代化融合的重要切入点，也是推动我国农业向“高产、优质、高效、生态、安全”发展的重要驱动力。农业物联网技术集成先进传感器、无线通信和网络、辅助决策支持与自动控制等高新技术，可以实现对农业资源环境、动植物生长等的实时监测，获取动植物生长发育状态、病虫为害情况、水肥状况以及相应生态环境的实时信息，并通过对农业生产过程的动态模拟和对生长环境因子的科学调控，达到合理使用农业资源、降低成本、改善环境、提高农产品产量和质量的目的。

近年来，在政府、科研机构及农业生产企业等的共同推动下，部分地区在农业物联网技术应用方面进行了积极的探索，已取得初步成效。不少地方利用温度、湿度、气敏、光照等多种传感器对蔬菜生长过程进行全程数据化管控，保证蔬菜生长过程绿色环保、有机生产。也有地方通过物联网技术，对农作物生长、畜禽和水产养殖等进行监测，可实现准确感知、及时反馈，提升农业决策指挥水平。有的地方应用物联网技术改造传统农业，可实现对农业用药、用水、用肥、用工状况的精确控制，减少浪费，促进农业节本增效。

（三）人工智能

人工智能技术逐渐介入农业生产。无论是从智能检测、智能监测，还是从智能机器人、智能农业车辆等领域而言，人工智能都在农业领域实现了深入应用。许多在人工智能领域深入布局的互联网企业也纷纷介入“智慧农业”，利用人工智能技术来提升种植、施肥、灌溉、喷洒和收获等环节的效率和质量，对水果和蔬菜进行分拣、识别牲畜是否生病等。京东养猪推出猪脸识别系统，精准定位每一头特立独行的猪；阿里养猪推出 AI 养猪，每一头猪一出生就有了身份证；网易养猪系统推出奢侈养猪法，把每一头猪培养成真正的“黑富美”……

第二节　一个中心：产品 OR 客户

互联网时代，在中小型农业企业的发展方向中存在一个争论，中小企业的转型突破之道，以产品为中心还是以客户为中心？

一、以产品为中心的经营思维

以产品为中心的经营思维本质上为不同消费者提供相同的产品，主要是做好销售和生产成本管理，然后是持续投资产品生产。这类思维处处可见，面临的困惑也是颇多，常见的有以下四种。

（一）产品功能好

很多农业企业谈融资，最常见的第一句话就是我的产品好，例如我的水稻好吃，我的油好香，我的水果好甜等。这是常见的卖货思维，多数很难得到融资。当前，真正有革命性技术发明的农产品、农资产品不多，产品功能好几乎是所有产品的基本要求。同品类产品（例如都是东北大米、都是茶树油、都是陕西苹果等）差异小，销售增长难，主要消费者还是原来的客户，增长主要靠促销，减少促销则销量下降。

（二）产品产能大

过去产品不丰富的时代，产能得不到满足，产能大意谓着成本低和成本壁垒。在互联网时代，去中介和个性化是两大趋势，产能大只是降低了生产成本，并不一定满足个体化要求和消费体验。在新技术影响下，成本壁垒的作用被降低，产能不代表绝对的竞争优势。例如，当前石油化工、煤化工、磷化工等与农资相关的产业都面临这个问题，不少相关上市公司都有产能过剩现象。

（三）产品广告做得好

入选某电视台品牌农产品、入选某协会X产品等，这些当然很好，是建立消费者信任的关键。广告涉及很多方面的内容，例如文案、制作、发布等，良好的广告为企业的销售加分很多。但当前广告浪费的情况很严重，已经是不争的事实，网红带货做得好、做了APP或是网站等，不是良好商业模式的全部。

（四）产品技术先进

以技术结合商业模式创新是最有可能在农业行业经营中取得成功的，技术仍然是农业企业转型升级的重要支撑。但是，产品技术先进是相对的，多数中小企业的技术研发能力缺乏体系支撑，在人才和法务等体系建设方面存在短板，后续还会存在资金不足的问题。除了上市公司等具有融资便利的企业和真正具有技术体系的公司，持续不断的技术升级和投资意味着利润和现金流的侵蚀，在以产品为中心的道路上，以技术为中心的思维在互联网经济环境中面临挑战。

二、以客户为中心的经营思维

那么，基于互联网时代背景，中小型农业企业经营中，到底应该以产品为中心还是以客户为中心？笔者认为，中小型农业企业应该以客户为中心。

（一）理论层面

互联网经营模式的一个重要特征就是以客户为中心，当传统企业以产品为中心时，采取互联网经营模式的企业以补贴等方式获客、与客户形成黏性，最终使得传统企业丧失继续盈利的基础。

长尾（The Long Tail）这一概念是由《连线》杂志主编Chris Anderson在2004年10月的《长尾》一文中最早提出，用来描述诸如亚马逊和Netflix之类网站的商业和经济模式。

“长尾理论”被认为是对传统的“二八定律”的彻底叛逆。尽管听上去有些学术的味道，但事实上这不难理解——人们一直在用二八定律来界定主流，计算投入和产出的效率。它贯穿了整个生活和商业社会。这是1897年意大利经济学家帕累托归纳出的一个统计结论，即20%的人口享有80%的财富。当然，这并不是一个准确的比例数字，但表现了一种不平衡关系，即少数主流的人（或事物）可以造成主要的、重大的影响。以至于在传统的营销策略当中，商家主要关注在20%的商品上创造80%收益的客户群，往往会忽略了那些在80%的商品上创造20%收益的客户群。两种方案的理念、方案和结果大不一样。

长尾理论就是网络时代兴起的一种新理论，受成本和效率的影响，当商品储存、流通、展示的场地和渠道足够宽广，商品生产成本急剧下降以至于个人都可以进行生产，并且商品的销售成本急剧降低时，几乎任何以前看似需求极低的产品，只要有卖，都会有人买。这些需求和销量不高的产品所占据的共同市场份额，可以和主流产品的市场份额相当，甚至更大。

长尾理论，降维理论，马斯洛需求理论，以及马云提出的“新技术、新零售、新能源、新金融、新工业”等已经对市场影响至深。

（二）从宏观上看

如果你是垄断行业，例如军工、石化等，客户有可能不是第一位的，产品和技术更为关键。如果你是中小微型企业，以客户为中心还是以产品为中心是要重点思考的。多数农业企业属于中小微型企业，发展方向事关生存与发展。

1. 产品过剩。由于农产品集中上市、不耐储存，产品过剩现象在很多领域、各个时期都有发生，例如经常见诸报端的某某农产品滞销问题。

2. 消费升级。产品消费不断升级，从吃得饱到吃得好、吃得营养，从穿得暖、穿得好到穿得时尚，各个方面的消费需求得到极大满足。

3. 文化与技术。以人为中心的经营理论更加符合时代特点，以 90 后、00 后为主导的新消费时代，消费理念更加个性化，以产品为中心难以应对这种趋势。消费者的消费知识更为丰富，获取消费信息更加便利和快捷，消费者对消费体验的要求越来越高，以产品为中心的经营理念面临挑战。

（三）从行业运营来看

以产品为中心的经营思维面临着三个方面的压力。

1. 高端品牌价值切割。当下，不少国际国内大型品牌企业利用自身人才、管理、技术、渠道、资金等优势，在消费者心中已经形成了固有的影响力，中小企业以产品为中心参与高端产品的竞争有一定难度，集中差异化也只能是中低端产品的一种无奈选择。以客户为中心，有可能从客户隐性需求和转介绍中找到机会。

2. 中小企业流量分割。大量中小企业在面临互联网冲击的情况下，不得不选择运用互联网工具进行运营，无论是以产品为中心还是以客户为中心，这种流量分割都是必然会发生的。若以产品为中心，替代品、竞品海量涌现，经营竞争必然陷入一片红海之中，而以客户为中心建立立体赢利模式，则有可能通过长尾盈利。

3. 小微企业价格拦截。大众创业、万众创新的时代背景之下，众多小微企业应运而生。多数企业在创立之初，缺少品牌价值，采取低价策略参与市场竞争。如果以产品为中心，这种低价策略难以长久发展，以客户为中心立体赢利，则有可能实现长久发展。

（四）从具体运营方法来看

假设要完成 10 个订单，传统企业运用销售漏斗理论和 20/80 理论，以广告、渠道、促销等方式从 100 个人中选择重点推销，争取有 20 个人成交。

互联网思维的做法与此不同，互联网企业运用客户生命周期 AARRR 方法，以免费等方式获取 1 000 个人的信息，然后以促销等方式激活客户和留存客户，然后根据客户需求推送产品信息，在其中 20 个客户中找到匹配需求产品取得收入，并寻求转推荐。对此 20 个匹配客户还可延伸挖掘客户需求，对其余 980 个客户亦可采取同样方案。很明显，AARRR 方法更适合互联网时代。

（五）从日常商业原生态来看

商业，生意也。只有以客户为中心，中小微型企业才能生生不息，才能在新的时代活下去、活得更好。人是万物之灵长，人是一切资源的链接者和消费者，人要衣食住行、吃喝玩乐、康养游学，人有生老病死、五脏六腑、七情六欲，人有受到尊重和自我实现的需要，马斯洛的人性需求理论为消费升级提供了理论支撑，也为以客户为中心建立立体赢利体系提供了方向。

在产品相对稀缺的时代或是真正有革命性产品出现时，以产品为中心没有问题。当前，互联网已经深入人心，绝大多数产品不稀缺，尤其是农产品，农业企业经营者更应该思考的问题是如何整合产品、渠道、技术等资源为客户服务，而不仅仅是如何提供产品，这就是以客户为中心建立立体赢利模式的现实路径，也是本书要回答的问题。

第三节　两个要点：收入与成本 OR 招商与融资

传统以产品为中心的经营思维，一般就是先做营销，例如广告、渠道等，然后有了资金就开工厂，如果挣到钱了，研发新品、扩大产能或增加产业链。这类经营思维的中心是产品，两翼是收入和成本。这类思维能够大行其道的一个重要前提是广告有作用、渠道有必要，当前，互联网经济兴起，广告在信息泛滥和微信、抖音等链接的冲击下效用急剧下降，渠道在去中介化的趋势下利润急剧下降，免费已经成为常见模式，在产品过剩、产能过剩和互联网等的冲击下，以产品为中心的收入和成本管理难以为继。

以客户为中心的经营思维，是基于产品问题已经解决的前提，运用资源整合的方式解决消费者、经营者、所有者等商业问题。在产品问题已经解决的情况下，产品体系通过整合即可得到，商业的重点放在运营体系的建设上。在运营层面，招商取代了营销，有效外包降低了成本。在治理层面，融资不仅仅是融通资金，也包括融合人才、技术、管理等。

以招商和融资为核心手段，体现了聚焦于资源整合，以客户服务和价值管理为中心的理念。这不同于以产品为中心的收入、成本、投资、技术等的管理，也不同于狼性团队等的企业文化管理。

将招商和融资上升到战略的高度，与战略管理协同起来。招什么样的商、融什么样的资、与什么样的人合伙等，应成为企业重点思考的问题。将招商和融资工作常态化，在条件成熟的情况下，成立专业的招商和融资团队，天天招商、天天融资。将招商和融资工作标准化、流程化，将模式转化为模板，模板组合成模型，不断调整升级，提升可执行性和效果。

在招商和融资模式下，涉及复制的问题。具体重点复制哪一部分，各类企业有各自的选择，主要有以下几种内容。

（1）复制客户端。无论是B端还是C端，只有实现消费，才算是真正实现收益。例如直营店、加盟店等。

（2）复制生产端。在行业较为分散而自身生产管理能力较强的情况下，可以考虑复制生产端。例如规模养猪场等。

（3）复制项目。各个项目因时因地存在差异，但有一些内在一致的要素。例如房地产公司。

（4）复制人员。通过标准化的培训体系，对外输出人员。例如培训学校。

（5）复制解决方案。提炼解决方案，对外输出。例如种植标准。

对于农业企业而言，进行复制要慎重，要结合产业生态、竞争对手、自身战略、金融工具、产业周期等内容。

第四节　三个层次：消费端、经营端、所有者

一个好的商业模式，要全面系统地解决企业各利益相关方的问题，从长期商业运营角度考虑，其中最为关键的是消费者、经营者和所有者三项，政商关系、供应链管理、生产管理虽然同样重要，从生存与发展的角度来看，重要程度不及此三者。

一、重要性排序

严格来说，消费者、经营者、所有者都是企业的客户，但商业模式设计首先应从底层解决问题，这其中最为关键的就是消费端的问题，其次是经营端的问题，然后是所有者的问题。

二、三者各自特点

在消费端，经典营销的4P（产品product、渠道place、定价price、促销promotion）中产品过剩、渠道去中介化，定价和促销成为关键问题。

在经营端，收益权是关键问题。收益权与股权并不是同一个问题，很多企业讲分红权，其实就是承包经营的别称。

所有者层面涉及非常多的细节问题，从公司的注册、股份的转让、公司的治理结构到基金的募投管退等，只有解决了消费端和经营端的问题，才好谈股权融资的问题。

三、相互融合的问题

消费者介绍消费者，经营者介绍经营者，股东介绍股东，相互介绍，这样就有可能使企业的招商与融资效率大大提升，当然，也可能使得管理问题复杂化。

消费者、经营者、所有者代表三个关键层次，应与招商和融资紧密结合起来。

针对消费者，过去的传统经营思维中，客户消费信息未被重视。在互联网模式下，很多消费者是重要的推荐人和转介绍人，必须重视消费者。由此，体验经济成为互联网经营模式下重要的内容，针对消费者的卡券设计也变得非常重要。

针对经营者，过去的传统经营思维主要是基于产品和管理，例如发展省级、县级、乡村级代理商，例如连锁经营的统一配送、统一进货、统一价格、统一标牌、统一质量、统一管理等。互联网模式下，复制的不仅仅是标准化的产品和管理，更有基于数据的个性化方案。

针对所有权，过去的传统经营思维主要是股权融资和公司治理等内容，例如发行基金、吸引投资者等。互联网模式下，在所有权层面更多的是多层次框架性结构，链接各种资源，例如运用合伙企业制度、合同控制、分成合同等广泛吸收合伙人建立异业联盟。这些不同于传统的多元化战略，是通过框架性结构为立体盈利模式提供保障，在这种情况下，经营权与所有权的交易将更加频繁。

第五节　四个思维：流量思维、数据思维、平台思维、生态思维

在互联网经济下，客服取代了营销，在引流产品、黏性产品的冲击下，营销意识、狼性法则等的效用降低，传统的产品营销思维举步维艰，对延伸产品的漠视让营销找不到方向。全新的商业模式要求经营者建立全新的思维模式。

一、流量思维

互联网时代，流量是经营成本的关键。客流、物流、现金流，流动的频率、量度比利润表上的财务数字更为重要，正确的流量思维在互联网经济时代的商业运营中不可或缺。

目前的商业模式是“信息过剩”与“注意力稀缺”对立存在，如何在无限的信息中获取有限的注意力，成为商业核心命题。注意力稀缺导致众多互联网创业者们开始想尽办法去争夺注意力资源，而流量的多寡恰恰最能体现抢夺的结果。有了流量才能够以此为基础构建自己的商业模式，所以说互联网经济就是以吸引大众注意力为基础创造价值、转化盈利。

无论是传统行业还是互联网经济，流量都可以理解为用户访问量。有了流量，就可以通过转化达到盈利的目的。传统商业模式，人流量大的地方，门店的客流量必然会多，房子的租金必然会高。同样的思维逻辑也适用于互联网经济，所不同的是在互联网行业，流量的本质是用户时间。

从这个角度讲互联网经济就是一场争抢用户时间的战争。但这场战争中，有用来消耗用户时间的，比如视频应用、直播、游戏、音乐、网络文学；也有是用来节省用户时间的，比如网络订餐、票务、工作协同、在线课程等工具和服务。

在内容爆发的媒体环境下，内容就是流量。在过去20年里，互联网的流量随着内容融入众多产品之中，而在去中心化的今天，技术的进步和人性的需求，又一次激发了内容的价值。于是媒体开始积极构建生态，超级APP们借助全面、细分的软件功能部署更多场景服务范围，积极构建流量生态；新兴的短视频平台也与超级流量入口合作，突破现有格局。

不少人习惯了“大流量＋转化率”的经营方法，只要流量足够多，转化率低点无所谓。不过随着互联网人口红利消失，市场竞争加剧，企业端面临增长困难，流量成本越来越高，大部分企业都陷入了流量困境。但我们不可否认，就算流量成本不断攀升，仍然有手握大流量的企业和手持大量现金流的人用得起流量转化经营方法。

同时我们也会发现，就算有大流量的支撑，很多产品的转化率仍然很低。比如店家卖一款小吃，依靠大流量可以有不错的转化量，但如果P2P金融想“拉新”（拓展新用户）就会困难很多。原因也很简单，流量思维并不适合所有产品，尤其一些需要高认知度的产品。

这些高认知度的产品如果无法解决认知层面、信任层面的问题，就算有上亿的流量支持也很难形成转化。营销并不是简单的“大流量＋一定转化率”的数学公式，这个时候我们要重新审视下“以客户为中心”这个出发点，为什么大流量无法支持某些产品，什么样的方式才能影响人们的购买行为。

以客户为中心的流量问题可分解为四个问题——解决用户认知问题、解决用户动机问题、解决用户信任问题、解决用户人性问题。

以上任何一个问题没有解决，都会影响用户的决策，尤其是高认知度的产品决策能力。这就好像你给一个穷人源源不断地提供资源也无法改变其生活，因为核心问题并没有得到解决。所以，对于一款具有“高认知度”的产品，只要没有解决这些问题，再强的曝光也无济于事。

（一）解决用户认知问题

当消费者无法对产品本身建立充分理解的时候，再多的曝光也不会有明显的效果。比如 2018 年 5 月 15 日，罗永浩在鸟巢发布的坚果 TNT 工作站，这款号称要重新定义下一个十年的工作站，发布一整年仍无人问津。

因为用户看了这款产品很难在自己的认知层面建立理解，这款产品到底有什么用？有什么可靠的应用场景？关于 TNT 的消息整个互联网除了调侃，很难见到真实、有意义的应用场景，所以无论 TNT 的广告在用户面前呈现多少次也无法促进购买行为。

要解决这个问题，我们要利用用户已经理解的事物来解释新事物。比如第一代 iPhone 发布时，在那个没有智能手机概念的时候，乔布斯是怎么做的呢？乔布斯用一个公式告诉大家，iPhone＝1 个大屏幕 iPod＋1 个手机＋1 个网上的浏览器。用消费者理解的三样产品重塑 iPhone 的定义。

（二）解决用户动机问题

让用户产生购买动机的核心就是找到用户需求，并解释用户之前的不合理现象，从而干预用户的购买决策。比如向一位习惯传统插线板的用户销售一款新的插线板，新插线板外观设计时尚，配有多个 USB 接口，安全系数更高。如果我们不断强调插线板的外观好看，接口多样化，安全系数更高，其实很难改变传统插销板用户的购买决策。所以我们要找到传统插线板的一些不合理因素，从而让消费者产生需求。比如一款主打 USB 接口的插线板的核心是让用户意识到，明明只需要插线就能用，为什么要插那么多转化器？比如外观设计为主要卖点的插线板需要让用户意识到，高端的家居设计、潮流的电子产品，都抵不过一款丑陋的插线板。安全方面也可以参考：我们一直担心手机充电会爆炸，却从不关心插线板的安全系数。

（三）解决用户信任问题

淘宝电商初期一直有个核心问题阻碍着平台的发展，那就是买卖双方的信任问题。卖家如果先发货，买家不付费怎么办？买家如果先付费，卖家不发货怎么办？

信任问题是交易的核心，也是最难解决的问题，所以阿里巴巴优先推出了支付宝产品，首先帮助购买双方解决信任问题，从而推进平台的发展。

解决用户信任问题最通用的做法就是找知名人士、知名机构进行背书[①]。比如华为手机P20系列承载莱卡三摄，不光在发布会强调自己拍照成像多么优秀，还要用DxOmark评测机构的评分来背书。比如P2P金融平台，宣传的核心绝不在收益上，而是要找知名人士和机构进行背书，告诉你平台绝对可信。

（四）解决用户人性问题

人类属于群居动物，所以在行为上也遵循群体意识。消费者在购买同一款产品时经常要与自己所在的群体进行比较，如果大家都在购买同一款产品就很容易促进自己的购买行为，也被称为羊群效应。

比如前段时间优衣库联名Kaws遭疯抢，就是在抢购过程中触发了羊群效应。很多人平时根本不穿优衣库的衣服，甚至不知道优衣库是什么品牌，也不知道Kaws是谁。但是在逛商场时看到大家都在抢购优衣库服装，内心就有一种“冲冲冲”的购买欲望。看到这里，相信大家不难理解为什么平时去商场吃饭，买奶茶时总爱去那些排队人多的地方，而那些没人排队的地方你压根不想去。

所以，流量不是万能的，当产品涉及复杂度较高的购买决策行为时，就需要优先解决用户认知、用户动机、用户信任、用户群体意识等问题。只有解决以上几个核心问题，流量才能发挥其最大的作用形成转化。

这有点类似于学生时代的题海战术，为什么有些人疯狂刷题有用，有些人疯狂刷题无效呢？因为刷题有效的学生都是在掌握正确的方法论的前提下进行持续训练，如果核心问题没有解决仅靠题海战术也无法弥补知识体系的缺失，只是在撞大运希望考试时出现类似的题目而已。

二、数据思维

2014年“大数据”被首次写入政府工作报告，2015年《关于运用大数据加强对市场主体服务和监管的若干意见》《关于积极推进“互联网＋”行动的指导意见》和《促进大数据发展行动纲要》陆续颁布，2016年9月国务院印发了《政务信息资源共享管理暂行办法》，明确规范政务部门间政务信息资源共享工作，党的十八届五中全会通过的“十三五”规划纲要提出了“实施国家大数据战略，推进数据资源开放共享”的战略指导意见。2020年4月，中共中央、国务院发布《关于构建更加完整的要素市场化配置体质机制的意见》将“数字”与土地、劳动力、资本、技术并列，列为新的生产要素，并提出“加

① 背书一词源于银行票据业务，原指票据转让时原持有人在票据背面加盖自己的印鉴证明该票据真实有效。用于社会事务时，一般指声明支持某人或某事、为某人或某事发声。

快培育数据要素市场”。这些重磅文件密集出台，标志着我国政府大数据战略部署和顶层设计正式确立。

国家宏观层面如此，经营层面更是如此。过去开店凭经验，后来看财务报表，现在开店主要用大数据。这种进化力量是一股难以抵挡的时代洪流。

与大数据的4V（量大Volume、多样Variety、速度Velocity、价值Value）相比，现在移动大数据的3T核心重在实时（Real Time）、适时（Right Time）以及全时（All the Time）。任何一个完整的高效服务都离不开这3T。以零售业为例，“实时”是实时数据的获取和推送能力，未来将通过手机或智能穿戴设备，赢得越来越多接触用户的机会。这些机会将为我们提供大量的时空信息，把每一刻感知到的用户数据延续，也就是“全时”。有了这种感知能力之后，如何知道何时是推荐服务的最佳时机呢？就必须要有全时的数据收集，才会知道用户的需求规律以及营销的关键点，做到“适时”有效触达。

数据是虚的，解决方案才是实在的。没有实际场景作目标的大数据如同散沙，但太庞大的大数据又不灵活。所以，不论是金融大数据还是医疗大数据、零售大数据，都会经历从无到有，从有到高度连接，从高度连接到实时流通，最后通过工程化，把数据提炼成随时可用的“业务石油”。到那时，就会产生无限商机以及无与伦比的回报率。

（一）“养数据”的三个窍门

大部分人依旧持有“取之所用，无用则弃”的传统信息理念。事实上，有目的地收集到的信息不叫大数据，大数据是不加选择地存储所有看到过的信息，这些信息未来可能对其他事情有帮助，犹如“养兵千日，用兵一时”。

很多公司也知道数据很重要，一旦落实到要制定一个数据战略，就觉得上不了手。因为从表象来看，数据是海量的。要把海量的数据变得可用，就需要数据的标准化，但这样会很费资源。对决策者来说，此时就要着眼于解决企业痛点和战略布局，养数据绝不是“为养而养”。没有天猫超市之前的阿里，“养”与物流有关的数据看上去是浪费，但做天猫超市就一定要建自己的物流。“养兵千日”就要看得长远，应对不同目标时所需要的数据是不一样的。再如，客服数据和业务数据打通后，会发现里面有很多宝藏，可以让我们更好地服务客户。

（二）如何“养数据”

第一，AAR原则锁定客户。第一个A是Acquire（获取），即如何用最有效的方法获取核心客户。第二个A是Activate（活跃），让获取到的客户快速成长，变得活跃、有黏性。R即Retention（保留），防范核心客户的流失。这三个阶段的数据都可以贯彻始终，既可以帮你找出核心客户，也可以告诉你什么服务和价格能让他们变成忠诚的客户，同时还可以用数据模型来预测客户未来的需求，甚至是他们离开的概率。当企业充分掌握客户当前状态的数据后，就可据此进行预测，发现问题马上纠正。例如企业乱发现金券或经常打折，不但太“博爱”，还会让客户养成“无折不买”的习惯。

第二，行为数据比结果数据更有价值。企业通常关注的重点是交易数据，比如一天有多少客流量、多少交易额，却忽略了能实现这些交易背后的原因。当把客户的行为数据（交互行为）和交易数据相关联时，就会知道用什么产品吸引什么客户最有效，什么价格能让这些客户活跃起来，怎样让他们对这个平台更感兴趣。我们甚至可以通过一些蛛丝马迹预测客户是否会流失。通过行为数据去发现客户如何决策是个重要课题，即使是负面数据也可能有正面作用。

第三，从小处着手。假如是小企业，可以从结构化的、已有的数据开始，一步一步开展。中小企业要有清晰的、具体的目标：希望数据帮自己做什么、数据能解决什么问题。必须谨记，我们面对的是消费者，数据的收集、整合、决策、反馈都必须从消费者出发，以人为中心。另外，企业不应把客户看成一个整体，因为解决了客户的一般性需求，不等于了解了客户的特殊需求。

谈数据离不开量化。量化是对被量化的事物的一种映射，就像照 X 光片。我们要明白量化后的数据是为了解决什么问题，以及在量化的过程中如何降低噪声，增加稳定性。过去数据很难获取，所以人们喜欢用经验预设简单维度，这种局面随着大数据时代的来临被快速改变。一些看似毫无关联的事情，却是过去分析时的盲点所在。所以要改变传统观念，将思维方式从经验驱动转变为数据驱动。这不仅仅应用在处理大数据上，也可以走出数据世界，应用到管理工作上，甚至应用到人生中。

比如说，你可以量化某次会议上 CEO 在别人演讲时的几个动作信号：点头、写笔记、发问，这样大致可以得出该公司 CEO 对每一个主题演讲的专注度。用这种方式做出相应的关键词分析，可以事半功倍。再如，递送报告给管理层，每一个高管的反应是不同的，量化他们的反应，事后在回顾总结时可以还原并改进。所以不要说数据是冷冰冰的，恰当地运用数据思维，它可以帮助你解决热乎乎的问题。

三、平台思维

企业运营不仅仅是自身的企业运营平台，也是创业平台，还是产业平台。什么是平台思维？顾名思义，就是我们去构建一个商业模型的时候，用平台化的方式去构建。我们只做核心的部分，非核心的部分外包出去。平台化的公司的运作，通过利益的绑定，把自身不擅长的部分外包出去，集中力量于擅长的部分，这就是平台化的思维模式。

四、生态思维

以客户为中心，建立生态。企业与用户之间的关系将不再是产品售卖的交易关系，消费者与生产者之间的边界也不再那么明显，老板与员工之间的关系也不再是简单的雇佣关系，而变成了合伙关系，大家是利益共同体，自组织也将成为非常重要一种组织模式。这种做法不仅仅有利于服务客户，也便于在竞争中取得优势。竞争对手可以把鱼钓走，但难以把池塘搬走。

第六节　五个结合：结合产业生态、结合竞争对手、结合自身战略、结合金融工具、结合产业周期

商业模式设计要理清发展路径，始终关注风险，综合考量各方面的利益，做到“路径可行、风险可控、利益可观。”。具体而言有五个结合。

一、结合产业生态

不仅要成为企业家，也要成为产业家。互联网时代，产业之间的界限不断被模糊化，产业生态体系的融入与建设是商业模式设计要考量的重要内容。

对产业生态的研究与分析要有结构性思维，PEST（政治 Politics，经济 Economy，社会 Society，技术 Technology）分析和波特五力模型等是不错的工具。

在不同的产业生态中，有的要深度融合，采取股权等方式进行绑定。有的是要浅度合作，例如合同协议采购、分成、代工等。有的要采取防守措施，例如采取针对性的专利保护措施等。有的是要参与竞争，例如采用针对性的价格体系等。

1993 年，美国著名经济学家穆尔（Moore）在《哈佛商业评论》上首次提出了“商业生态系统”概念。所谓商业生态系统，是指以组织和个人（商业世界中的有机体）的相互作用为基础的经济联合体。是供应商、生产商、销售商、市场中介、投资商、政府、消费者等以生产商品和提供服务为中心组成的群体。它们在一个商业生态系统中担当着不同的功能，各司其职，但又形成互赖、互依、共生的生态系统。在这一商业生态系统中，虽有不同的利益驱动，但身在其中的组织和个人互利共存，资源共享，注重社会、经济、环境综合效益，共同维持系统的延续和发展。与自然生态系统中的物种一样，商业生态系统中的每一个环节都是整个商业生态系统的一部分，每一家企业最终都要与整个商业生态系统共命运。

产业生态圈是指某种（些）产业在某个（些）地域范围内已形成（或按规划将要形成）的以某（些）主导产业为核心的具有较强市场竞争力和产业可持续发展特征的地域产业多维网络体系，体现了一种新的产业发展模式和一种新的产业布局形式。

二、结合竞争对手

商业模式的设计和落地，要考虑竞争要素。竞争对手的商业模式是要重点研究的内容，在商业竞争中，保持谨慎和虚心十分重要，要向包括同行、异业在内的优秀者虚心学习，不断升级自身的商业模式。

商业竞争的终极模式是消灭竞争，互联网时代，免费成为常用的竞争手段，谁与我竞争，我就相应地免费，然后，以延伸产品进行长尾赢利。但这些要综合考量企业的运营能力和流动性，不能为了竞争而竞争，使企业自身陷入被动的局面。

企业间的竞争是方方面面的，公司战略与风险管理、人、财、物、产、供、销、研及其项目等，均可能存在竞争。商业模式成为关键的竞争形态，从宏观上讲，这好比是群体与群体之间 DNA 的竞争一样，长久而深刻。从微观来说，是一个企业能否适应商业新常态的根本，不合适的商业模式好比冬天来了还穿着夏天的衣服一样，不利于企业生存与发展。

三、结合自身战略

商业模式的设计和落地，不仅限于基本的人、财、物、产、供、销、研和项目管理，而是上升到公司战略与风险管理层面，是公司经营及治理的全面系统设计。

公司战略要适时适地。公司小的时候，不要想着与大公司竞争，不如把力量放在旗舰店的打造上，然后进行复制。

公司有一定的规模时，要把招商和融资的事情做成体系，对区域或链系运营中心进行复制。

公司进入发展快车道，要结合自身实际，适时调整商业模式，扩大流量、升级数据管理水平、延伸赢利水平等。

公司进入成熟期后，要控制好现金流、提升流量转化率、做好新项目储备等。

公司处于衰退期时，要及时转型，总结经验，做好新产业的孵化。

四、结合金融工具

金融工具作为重要的杠杆，务必要认真梳理。无论是债权融资、股权融资还是其他，金融工具的选择与运用并不简单。以债权融资为例，产品繁多，有信用贷、抵押贷、保理、融资租赁、供应链金融等；银行众多，有四大银行，政策性银行，地方银行，外资银行，农业信用社，小额信贷公司，融资租赁公司等。各银行之间的产品又各有侧重，有侧重普惠的，有侧重交通运输行业的，有侧重农业的，等等。涉及股权，更是复杂，有普通股、优先股、债转股等，有实际控制人、大股东、中小股东等，有分红权、表决权、知情权等，这些内容都是要认真对待的。

本书列举了常见的商业信用融资、项目融资、内部融资、债权融资、股权融资、政策融资六类融资方法。这些方法的选择应有专业的人员参与，尤其对于不少农业企业而言，财务基础薄弱，想当然地以为融资简单是不行的。

商业信用融资。很多农业企业喜欢用这一工具，因为其筹资便利、筹资成本低、限制条件少。每年各个农资公司大搞“冬储”，以冬储为基础开展一年的营销。对一些信誉好的客户给予一定的账期、相互之间进行调货等，均是商业信用融资的常用方法。

债权融资。对于很多农业企业来讲债权融资较为常见，但真正将债权融资做好的企业不多，票据、保理、融资租赁等均可归于债权融资。债权融资的不专业是农业企业不善于任用债权工具的一个重要原因，不当的风险控制，让一些民间借贷、小额贷款成为农业企业的梦魇。债权融资不能很好推进的另一个重要原因就是不少农业企业盈利能力不足，抵押物和信用不足。宏观环境、行业特征上的约束也是一个重要原因，在此不赘述。

项目融资。多数农业企业对于 BOT 及其衍生的类型缺乏了解。就算是一般的承包经营，也搞不清程序，测算不出各方认可的利润，拿不出合适的方案说服对方。

内部融资。不少农业企业搞不清公司利润总额，对内投资估值不清，募集资金用途、利润分配说不明白。

股权融资看起来热闹，真正做起来，不少农业企业的股权融资只限于亲朋好友，外部股权融资费尽周折也达不到预期效果。

五、结合产业周期

农业存在“丰收悖论”，周期性的价值波动很常见。

产业生命周期理论是在产品生命周期理论基础上发展而来的。

1966 年 Vernon 提出了产品生命周期理论，随后 William J. Abernathy 和 James M. Utterback 等以产品的主导设计为主线将产品的发展划分成流动、过度和确定三个阶段，进一步发展了产品生命周期理论。在此基础之上，

1982 年，Gort 和 Klepper 通过对 46 个产品最多长达 73 年的时间序列数据进行分析，按产业中的厂商数目进行划分，建立了产业经济学意义上第一个产业生命周期模型。

由于产业的生命周期是构成企业外部环境的重要因素，因此产业生命周期理论自诞生之日起就受到经济学和管理学研究者的极大兴趣。迈克·波特（1997）在《竞争战略》一书中论述了新兴产业、成熟产业和衰退产业中企业的竞争战略；John Londregan（1990）则构建了产业生命周期不同阶段企业竞争的理论模型。已有的研究成果中，从战略的角度研究产业生命周期主要集中在产业生命周期的阶段性变化对企业战略决策的影响，以及生命周期不同阶段如导入期、成长期、成熟期可供企业选择的战略决策。产业生命周期曲线忽略了具体的产品型号、质量、规格等差异，仅仅从整个产业的角度考虑问题。产业生命周期是一种定性的理论，产业生命周期曲线是一条近似的假设曲线。

识别产业生命周期所处阶段的主要标志有：市场增长率、需求增长潜力、产品品种多少、竞争者多少、市场占有率状况、进入壁垒、技术革新以及用户购买行为等。

产业生命周期各阶段的特征：

（一）初创期（也叫幼稚期）

在这一阶段，由于新产业刚刚诞生或初建不久，而只有为数不多的创业公司投资于这个新兴的产业，由于初创阶段行业的创立投资和产品的研究、开发费用较高，而产品市场需求狭小（因为大众对其尚缺乏了解），销售收入较低，因此这些创业公司可能不但没有盈利，反而普遍亏损；同时，较高的产品成本和价格与较小的市场需求还使这些创业公司面临很大的投资风险。另外，在初创阶段，企业还可能因财务困难而引发破产的危险，因此这类企业更适合投机者而非投资者。这一时期的市场增长率较高，需求增长较快，技术变动较大，产业中各行业的用户主要致力于开辟新用户、占领市场，但此时技术上有很大的不确定性，在产品、市场、服务等策略上有很大的余地，对行业特点、行业竞争状况、用户特点等方面的信息掌握不多，企业进入壁垒较低。

（二）成长期

在这一个时期，拥有一定市场营销和财务力量的企业逐渐主导市场，这些企业往往是较大的企业，其资本结构比较稳定，因而它们开始定期支付股利并扩大经营。在成长阶段，新产业的产品经过广泛宣传和消费者的试用，逐渐以其自身的特点赢得了大众的欢迎或偏好，市场需求开始上升，新产业也随之繁荣起来。与市场需求变化相适应，供给方面相应地出现了一系列的变化。由于市场前景良好，投资于新产业的厂商大量增加，产品也逐步从单一、低质、高价向多样、优质和低价方向发展，因而新行业出现了生产厂商和产品相互竞争的局面。这种状况会持续数年或数十年，而这一阶段有时被称为投资机会时期。这种状况的继续将导致生产厂商随着市场竞争不断发展，产品产量不断增加，市场的需求日趋饱和。生产厂商不能单纯地依靠扩大生产量，提高市场的份额来增加收入，而必须依靠追加生产，提高生产技术，降低成本以及研制和开发新产品的方法来争取竞争优势，战胜竞争对手和维持企业的生存。这一时期的特点是市场增长率很高，需求高速增长，技术渐趋定型，产业特点、产业竞争状况及用户特点已比较明朗，企业进入壁垒提高，产品品种及竞争者数量增多。

但这种方法只有资本和技术力量雄厚且经营管理有方的企业才能做到，那些财力与技术较弱、经营不善、或新成立的企业（因产品的成本较高或不符合市场的需要）则往往被淘汰或被兼并。因而，这一时期企业的利润虽然增长很快，但所面临的竞争风险也非常大，破产率与合并率相当高。在成长阶段的后期，受竞争中优胜劣汰规律的作用，市场上生产厂商的数量在大幅度下降之后便开始稳定下来。由于市场需求基本饱和，产品的销售增长率减慢，迅速赚取利润的机会减少，整个行业开始进入稳定期。在成长阶段，虽然行业仍在增长，但这时的增长具有可测性。由于受不确定因素的影响较少，产业的波动也较小。此时，投资者蒙受经营失败而导致投资损失的可能性大大降低，因此，他们分享产业增长带来的收益的可能性大大提高。

（三）成熟期

产业的成熟阶段是一个相对较长的时期。在这一时期里，在竞争中生存下来的少数大厂商垄断了整个行业的市场，每个厂商都占有一定比例的市场份额。由于彼此势均力敌，市场份额比例发生变化的程度较小。厂商与产品之间的竞争手段逐渐从价格手段转向各种非价格手段，如提高质量、改善性能和加强售后维修服务等。由于一定程度的垄断产业的利润达到了很高的水平，而风险却因市场比例比较稳定，新企业难以打入成熟期市场而较低，其原因是市场已被原有大企业比例分割，产品的价格比较低。因而，新企业往往会由于创业投资无法很快得到补偿或产品的销路不畅，资金周转困难而倒闭或转产。

在产业成熟阶段，产业内行业增长速度降到一个更加适度的水平。在某些情况下，整个产业的增长可能会完全停止，其产出甚至下降。由于丧失其资本的增长，致使产业的发展很难较好地保持与国民生产总值同步增长，当国民生产总值减少时，产业甚至蒙受更大的损失。但是，由于技术创新的原因，产业中的某些行业或许实际上会有新的增长。在短期内很难识别何时进入成熟阶段，总而言之，在这一阶段一开始，投资者便希望收回资金。

这一时期的特征表现为市场增长率不高，需求增长率不高，技术上已经成熟，行业特点、行业竞争状况及用户特点非常清楚和稳定，买方市场形成，行业盈利能力下降，新产品和产品的新用途开发更为困难，行业进入壁垒很高。

（四）衰退期

这一时期出现在较长的稳定阶段后。由于新产品和大量替代品的出现，原产业的市场需求开始逐渐减少，产品的销售量也开始下降，某些厂商开始向其他更有利可图的产业转移资金。因而原产业出现了厂商数目减少，利润下降的萧条景象。至此，整个产业便进入了生命周期的最后阶段。在衰退阶段里，厂商的数目逐步减少，市场逐渐萎缩，利润率停滞或不断下降。当正常利润无法维持或现有投资折旧完毕后，整个产业便逐渐解体了。

这一时期的特征是市场增长率下降，需求下降，产品品种及竞争者数目减少。从衰退的原因来看有四种类型：

（1）资源型衰退，即由于生产所依赖的资源的枯竭所导致的衰退。

（2）效率型衰退，即由于效率低下导致比较劣势而引起的行业衰退。

（3）收入低弹型衰退，即因需求—收入弹性较低而衰退的行业。

（4）聚集过度型衰退，即因经济过度聚集的弊端所引起的行业衰退。

第七节　六类融资

融资的方法很多，不是只有债权和股权。常见的有贸易融资、项目融资、内部融资、债权融资、股权融资、政策融资六类。

一、贸易融资

也称商业信用融资，是指企业之间在买卖商品时，以商品形式提供的借贷活动，是经济活动中的一种最普遍的债权债务关系。

商业信用的存在对于扩大生产和促进流通起到了十分积极的作用，但不可避免地也存在着一些消极的影响。

（一）信用融资的优点

1. 筹资便利。利用商业信用筹集资金非常方便，因为商业信用与商品买卖同时进行，属于一种自然性融资，不用做非常正规的安排，也无须另外办理正式筹资手续。

2. 筹资成本低。如果没有现金折扣，或者企业不放弃现金折扣以及使用不带息应付票据和采用预收货款，则企业采用商业信用筹资没有实际成本。

3. 限制条件少。与其他筹资方式相比，商业信用筹资限制条件较少，选择余地较大，条件比较优越。

（二）信用融资缺点

1. 期限较短。采用商业信用筹集资金，期限一般都很短，如果企业要取得现金折扣，期限则更短。

2. 筹资数额较小。采用商业信用筹资一般只能筹集小额资金，而不能筹集大量的资金。

3. 有时成本较高。如果企业放弃现金折扣，必须付出非常高的资金成本。

二、项目融资

项目融资是指对要融资的项目，根据市场运行规律，经过周密的构思和策划进行包装和运作的一种融资模式。项目融资是近些年兴起的一种融资手段，是以项目的名义筹措一年期以上的资金，以项目营运收入承担债务偿还责任的融资形式。形式有很多，也比较灵活，每一种模式都有适用的领域和趋势。

BOT（Build Operate Transfer）模式是指国内外投资人或财团作为项目发起人，从某个国家的地方政府获得基础设施项目的建设和运营特许权，然后组建项目公司，负责项目建设的融资、设计、建造和运营。BOT 融资方式是私营企业参与基础设施建设，向社会提供公共服务的一种方式。BOT 方式在不同的国家有不同称谓，我国一般称其为“特许权”。以 BOT 方式融资的优越性主要有以下几个方面：首先，减少项目对政府财政预算的影响，使政府能在自有资金不足的情况下，仍能上马一些基建项目。政府可以集中资源，对那些不被投资者看好但又对地方政府有重大战略意义的项目进行投资。BOT 融资不构成政府外债，可以提高政府的信用，政府也不必为偿还债务而苦恼。其次，把私营企业中的效率引入公用项目，可以极大提高项目建设质量并加快项目建设进度。同时，政府也将全部项目风险转移给了私营发起人。第三，吸引外国投资并引进国外的先进技术和管理方法，对地方的经济发展会产生积极的影响。BOT 投资方式主要用于建设收费公路、发电厂、铁路、废水处理设施和城市地铁等基础设施项目。

BOT 很重要，除了上述的普通模式，BOT 还有 20 多种演化模式，比较常见的有：BOO（建设—经营—拥有）、BT（建设—转让）、TOT（移交—经营—移交）、BOOT（建设—经营—拥有—转让）、BLT（建设—租赁—转让）、BTO（建设—转让—经营）等。

（一）TOT 融资

TOT（Transfer Operate Transfer）是“移交—经营—移交”的简称，指政府与投资者签订特许经营协议后，把已经投产运行的可收益公共设施项目移交给民间投资者经营，凭借该设施在未来若干年内的收益，一次性从投资者手中融得一笔资金，用于建设新的基础设施项目；特许经营期满后，投资者再把该设施无偿移交给政府管理。

TOT 方式与 BOT 方式是有明显的区别的，它不需直接由投资者投资建设基础设施，因此避开了基础设施建设过程中产生的大量风险和矛盾，比较容易使政府与投资者达成一致。TOT 方式主要适用于交通基础设施的建设。

国外出现一种将 TOT 与 BOT 项目融资模式结合起来但以 BOT 为主的融资模式，叫作 TBT。在 TBT 模式中，TOT 的实施是辅助性的，采用它主要是为了促成 BOT。TBT 有两种方式：一是公营机构通过 TOT 方式有偿转让已建设施的经营权，融得资金后将这笔资金入股 BOT 项目公司，参与新建 BOT 项目的建设与经营，直至最后收回经营权。二是无偿转让，即公营机构将已建设施的经营权以 TOT 方式无偿转让给投资者，但条件是与 BOT 项目公司按一个递增的比例分享拟建项目建成后的经营收益。两种模式中，前一种比较少见。

长期以来，我国交通基础设施发展严重滞后于国民经济的发展，资金短缺与投资需求的矛盾十分突出，TOT 方式为缓解我国交通基础设施建设资金供需矛盾找到一条现实出路，可以加快交通基础设施的建设和发展。

（二）PPP 融资模式

PFI 模式和 PPP 模式是近几年国外发展得很快的两种民资介入公共投资领域的模式，虽然在我国尚处于起步阶段，但是具有很好的借鉴的作用，也是我国公共投资领域投融资体制改革的一个发展方向。PPP（Public Private Partnership）即公共部门与私人企业合作模式，是公共基础设施的一种项目融资模式。该模式鼓励私人企业与政府合作，参与公共基础设施的建设。PPP 中文意思是公共、民营、伙伴。PPP 模式的构架是：从公共事业的需求出发，利用民营资源的产业化优势，通过政府与民营企业双方合作，共同开发、投资建设并维护运营公共事业的合作模式，即政府与民营经济在公共领域的合作伙伴关系。通过这种合作形式，合作各方可以达到与预期单独行动相比更为有利的结果。合作各方参与某个项目时，政府并不是把项目的责任全部转移给私人企业，而是由参与合作的各方共同承担责任和融资风险。

（三）PFI 融资模式

PFI（Private Finance Initiative）模式是政府从私人处购买服务，这种方式多用于社会福利性质的建设项目，不难看出这种方式多被那些硬件基础设施相对已经较为完善的发达国家采用。比较而言，发展中国家由于经济水平的限制，将更多的资源投入到了能直接或间接产生经济效益的地方，而这些基础设施在国民生产中的重要性很难使政府放弃其最终所有权。

PFI 项目在发达国家的应用领域总是有一定的侧重，以日本和英国为例，从数量上看，日本的侧重领域由高到低为社会福利、环境保护和基础设施，英国则为社会福利、基础设施和环境保护。从资金投入上看，日本在基础设施、社会福利、环境保护三个领域仅占英国的 7%、52%和 1%，可见其规模与英国相比要小得多。当前在英国PFI项目非常多样，最大型的项目来自国防部，例如空对空加油罐计划、军事飞行培训计划、机场服务支持等。更多的典型项目是相对小额的设施建设，例如教育或民用建筑物、警察局、医院能源管理或公路照明，较大一点的包括公路、监狱、和医院用楼等。

（四）ABS融资模式

ABS（Asset-Backed Securitization）即资产收益证券化融资，它是以项目资产可以带来的预期收益为保证，通过一套提高信用等级计划在资本市场发行债券来募集资金的一种项目融资方式。具体运作过程是：①组建一个特别目标公司；②目标公司选择能进行资产证券化融资的对象；③以合同、协议等方式将政府项目未来现金收入的权利转让给目标公司；④目标公司直接在资本市场发行债券募集资金或者由目标公司信用担保，由其他机构组织发行，并将募集到的资金用于项目建设；⑤目标公司通过项目资产的现金流入清偿债券本息。

很多国家和地区将ABS融资方式重点用于交通运输部门的铁路、公路、港口、机场、桥梁、隧道建设项目；能源部门的电力、煤气、天然气基本设施建设项目；公共事业部门的医疗卫生；供水、供电和电信网络等公共设施建设项目，并取得了很好的效果。

三、内部融资

内部融资是企业依靠其内部积累进行的融资，具体包括三种形式：资本金、折旧基金转化的重置投资和留存收益转化的新增投资。留存结余融资是指企业收益缴纳所得税后形成的、其所有权属于股东的未分配利润，又投入于本企业的一种内部融资模式。内部融资具有原始性、自主性、低成本性和抗风险性等特点。相对于外部融资，它可以减少信息不对称问题及与此相关的激励问题，节约交易费用，降低融资成本，增强企业剩余控制权。但是，内部融资能力及其增长受到企业的盈利能力、净资产规模和未来收益预期等方面的制约。

四、债权融资

债权融资是指企业通过举债的方式进行融资。债权融资所获得的资金，企业首先要承担资金的利息，另外在借款到期后要向债权人偿还资金的本金。债权融资的特点决定了其用途主要是解决企业营运资金短缺的问题，而不是用于资本项下的开支。

（一）融资特点

1. 债权融资获得的只是资金的使用权而不是所有权，负债资金的使用是有成本的，企业必须支付利息，并且债务到期时须归还本金。

2. 债权融资能够提高企业所有权资金的资金回报率，具有财务杠杆作用。

3. 与股权融资相比，债权融资除在一些特定的情况下可能带来债权人对企业的控制和干预问题，一般不会产生对企业的控制权问题。

（二）融资优势

1. 银行具有信息收集的优势。银行有条件、有能力自己收集分析企业投资、经营、分配、收益的状况，同时能在一个比较长的期间考察和监督企业，有助于防止“道德风险”的出现。

2. 银行具有信息分析研究的规模经济特点。一方面，银行收集同样的信息具有规模经济作用，另一方面，分析大量信息本身也具有规模经济效益。

3. 在长期“专业化”的融资活动中，金融机构发展了一套专业的技能。

4. 银行对企业的控制是变化的。债权的作用在于：当企业能够清偿债务时，控制权就掌握在企业手中，如果企业还不起债，控制权就转移到银行手中。

五、股权融资

股权融资是指企业的股东愿意让出部分企业所有权，通过企业增资的方式引进新的股东，同时使总股本增加的融资方式。股权融资所获得的资金，企业无须还本付息，但新股东将与老股东同样分享企业的赢利与增长。

除了进行内部股权激励，有限公司可引入新股东、优先股等进行股权融资。

公众公司的外部融资按融资的渠道来划分，主要有两大类。

第一，公开市场发售。所谓公开市场发售就是通过股票市场向公众投资者发行企业的股票来募集资金，包括我们常说的企业的上市、上市企业的增发和配股都是利用公开市场进行股权融资的具体形式。

第二，私募发售。所谓私募发售，是指企业自行寻找特定的投资人，吸引其通过增资入股企业。因为绝大多数股票市场对于申请发行股票的企业都有一定的条件要求，例如《首次公开发行股票并上市管理办法》要求公司上市前股本总额不少于人民币 3 000 万元，因此对大多数中小企业来说，较难达到上市发行股票的门槛，私募成为民营中小企业进行股权融资的主要方式。

风险投资（Venture Capital，VC）简称风投，又译称为创业投资，主要是指向初创企业提供资金支持并取得该公司股份的一种融资方式。风险投资是私人股权投资的一种形式。风险投资公司是一种专业的投资公司，由一群具有科技及财务相关知识与经验的人组合而成，经由直接投资获取投资公司股权的方式，提供资金给需要资金者（被投资公司）。风投公司的资金大多用于投资新创事业或是未上市企业（虽然现今法规上已大幅放宽资金用途），并不以经营被投资公司为目的，仅是提供资金及专业上的知识与经验，以协助被投资公司获取更大的利润为目的，所以是一项追求长期利润的高风险高报酬事业。

例如 Private Equity（简称“PE”）也就是私募股权投资，从投资方式角度看，是指通过私募形式对私有企业，即非上市企业进行的权益性投资，在交易实施过程中附带考虑了将来的退出机制，即通过上市、并购或管理层回购等方式出售持股获利。

六、政策融资

农业补贴是一国政府对本国农业支持与保护政策体系中最主要、最常用的政策工具，是政府对农业生产、流通和贸易进行的转移支付。产业政策投资是指政府为了优化产业结构，促进高新技术成果产业化而提供的政策性支持投资。各级政府对农业的补贴涉及的内容非常广泛，具体参见本书《农业企业的政府补贴》章节。

第八节　中小型农业企业负责人在商业模式上面临的七大问题

在涉及商业模式的问题中，各式思潮鱼龙混杂，很多中小型农业企业负责人也是很迷茫，在面对互联网、行业周期等的冲击时不知所措。主要的问题有以下七类。

一、缺乏战略思维

缺少战略管理意识，这是很多中小型农业企业管理的根本问题，企业战略管理不是以合法前提下的相对垄断为核心，而仅仅是以生存为核心。商业竞争，从产品运营到资本运作，最终到兼并重组。这是一条非常明晰的道路，无论是区域垄断还是建立行业壁垒，是优秀企业发展的必然方向。商业模式正是帮助企业实现这一战略的关键要素之一。

二、缺乏互联网思维

当前，主要大学 MBA 教学的主要理论基础是 2/8 理论、定位理论等，对于长尾理论、阿尔巴德定理等，研究落地的并不多。笔者听过不少讲互联网思维、商业模式的课，有的人讲把农资营销娱乐化，有人讲迭代的重要性，有人讲爆品战略，有人讲渠道为王，有人讲视频卖货，凡此种种，莫衷一是。由于产品过剩及消费升级等因素，多数中小型农业企业产品同质化严重，营销效率不高，企业利润微薄，团队士气低迷。农业企业负责人四处听课，越听越找不到方向，心中迷惑越来越多。

三、缺乏落地手段

招商层次低，“产品招商，层层分利”，这是当前农业企业招商的常见方法。加盟店和区域运营中心整体推进，管理输出，缺乏能力。数字化管理，消费端、经营端、治理端设计缺乏思路和抓手。融资能力差，绝大多数企业不涉及股权融资，一些企业债权融资问题频发，商业融资限于产品促销，促销一停立即滞销。

四、看到的只有专业

眼中只有自身专业技术，遇到互联网公司的冲击，一开始不以为然，然后不知所措，结果不言而喻。在互联网时代，“一个不想当厨子的裁缝绝不是好司机”，这句小品中调侃的话，也是互联网业态下商业模式的一个缩影。

五、谈的主要是补贴和政策

以政策为主开展业务，围绕政府补贴开展工作，满足于拿到项目补贴。

六、听到的主要是行业内专家的建议

以技术为主开展运营，缺乏整合整个行业或局部产业的思考，对互联网手段、金融手段等缺乏了解。

七、走基层主要看的是产品和渠道

以产品为中心开展整体运营，陷入低层次竞争，主要的手段限于打造狼性团队、全员营销。缺少对产业运营的思考，缺少长期竞争的准备，缺少产业链竞争意识。

第九节 影响农业行业商业模式设计的八大问题

商业模式的设计一定要结合农业行业的现实问题。农业行业存在很多的痛点问题，具体到各个细分行业、细分地域、具体企业又各有不同，解决这些痛点问题是行业和企业实现发展的关键要素，也是商业模式设计的关键点所在。政策和文化要素是商业模式必须要考虑的内容，农业受政策影响极大，这是不言而喻的。农村“路隔三五里，一区一乡风”，乡村文化要素不能回避。除了政策因素、文化要素外，常见的技术与经济等要素问题也不少。

一、农业行业商业模式八大问题

（一）生物病害问题

在养殖业中，例如非洲猪瘟、疯牛病等；在种植业中，例如香蕉的巴拿马病、西瓜蔓枯病、水稻稻瘟病等。

（二）产品品控问题

例如水果的甜度不够的问题、外观问题，例如蔬菜的农残问题，例如鱼肉的腥味问题、猪肉的瘦肉比问题，等等。

（三）生产效率问题

例如水稻一年一季、一年两季还是一年三季的问题；例如设施农业与非设施农业、陆基水产养殖与野外养殖等问题；例如产能不足问题、产能过剩、市场周期问题等。

（四）组织管理问题

例如我国人多地少，土地承包经营的问题；例如农民专业合作社在承包经营中的分配管理问题等。

（五）缺乏市场导向

“产学研”一体化，单单缺少市场要素。“育繁推”一体化，育在先，推广在后，缺少市场导向。引流做不大，黏性做不强，盈利产品守不住，延伸产品不会做。产品成本高，定价上不去，广告没效果，渠道没利润。免费做起来亏本，收费做起来没流量，网站做起来还是没流量。对行业周期问题不敏感，例如猪周期、鸡周期等，例如丰收悖论等。

（六）环境保护问题

例如养殖行业的粪污处理问题；例如食品生产过程中的排污问题等。

（七）老乡与老外问题

对于同业竞争和产业链缺乏控制手段，遇到技术泄密等问题最多有一点诉讼。对于国际贸易缺少了解和掌控能力。

（八）产业与异业问题

缺少产业运营意识，只是从生存出发思考企业经营。缺少对异业联盟等的思考，缺乏立体盈利的设计。

这些问题深深影响着农业企业商业模式设计与落地，撇开农业行业特征谈商业模式是不现实的。在公司战略与风险管理，人、财、物、产、供、销以及研发的具体管理中，不少中小型农业企业缺少基本管理体系，这些问题影响着商业模式设计与落地的方方面面。

二、案例分析

（一）产前的农资。

1. 复制问题。进行复制是重要的商业模式，中国企业做农资连锁不是一天两天了，中国农资、中化集团、辉隆集团、浙江惠多利、四川邦力达、黑龙江倍丰、广东天禾、新疆农佳乐、江苏苏农、四川汇力等均是有实力的企业。中小农资企业出现了两个极端，一方面是在没有良好体系和资源的情况下盲目进行门店复制，结果损失严重。另一方面是不重视复制，不敢进行复制。

2. 农资企业招商问题。冬储招商，以产品低价进货为主要手段，宣讲一些心灵鸡汤知识了事，不解决客户的根本问题，不涉及行业和客户问题的解决方案。笔者亲见一些农资经销商培训现场，台上讲得云里雾里，台下打瞌睡。

3. 产品生命周期与产品结构问题。不注重升级迭代，难以重组产品结构，对于产品在市场上的反应迟钝。

（二）产中生产服务

1. 基础建设大量投入却不能很好地变现。大棚、光伏等建了不少，建好了不能发挥作用，难以变现，建了拆，拆了再建。人工智能、互联网、大数据、物联网等，投入不少，却不能带来收益。

2. 服务流于形式。一些地方对于农民培训、技术指导走过场，“降龙十八掌”打完收工，也不管有没有效。一些直播找人“刷单”、搞形象工程，播完了事。

3. 工业互联层次低。工业互联已经在很多行业得到落实，很多企业还知之甚少。即使一些果园、基地任用了工业互联理念上的“物联网”等等体系，做起来仍然与市场脱节。

（三）产后运销

1. 止步于B端。很多传统企业，最多做到零售端，对于C端，缺少深入考虑。

2. 忽视产业周期。农业存在“丰收悖论”，不少细分行业存在产业周期，在错误的时间进行错误的运营，自然很难得到好结果。

3. 不注重数据积累。很多中小型农业企业的客户关系管理（Customer Relationship Management，CRM）基本是摆设，数据限于姓名、电话号码、地址等简单信息，对消费数据和行为数据的积累缺少意识。

以上这些问题，是农业行业中常见的一些问题，也是农业企业商业模式设计要面对的关键问题。商业模式设计与落地是企业运营中的关键内容，解决企业运营的实际问题是一切商业活动的出发点和落脚点。

第二章　农业企业商业模式落地实务

商业模式的设计与落地要满足三个基本条件：

一、路径可行

包括消费卡融资、经营权融资、股权融资等，均应能形成闭环。然而，各个行业、各个企业的实际情况千差万别，要采取适合实际的方案。

二、风险可控

除了日常经营风险外，还应持续关注和解决客户和行业问题。农业本身就是弱质行业，生物资产的安全、周期性波动、生产环境等均对农业企业商业模式存在一定影响。

三、利益可观

互联网项目的发展速度高于传统企业，其利益相关方应获取超越传统企业的利益。以客户为中心的立体盈利方案，重点在“盈利”二字。

传统企业触网不是一蹴而就的，一般要经历四个阶段：

1. 传播层面：网络营销。实际信息的低成本高速传播。

2. 渠道层面：电子商务。电子商务的理想状态应该是一种全渠道电子商务，既有电子商务固有的优势，如丰富的产品、搜索功能、比价功能、社群互动、顾客评价等，也有线下门店的优势，如体验、面对面的咨询沟通、更佳的环境氛围等。

3. 供应链层面：C2B 模式。C2B 模式的支撑体系主要是三个方面：个性化营销、柔性化生产、社会化供应链。

4. 价值链层面：互联网思维重构、产业重整。

传统企业互联网转型必须要迈过的三道坎儿：

1. 企业家的互联网思维切换。

2. 组织的互联网思维变革。

3. 业务的互联网思维重构。

第一节　以客户为中心

从一则笑话说起。

一家大百货公司的经理到商场巡视，他问一个售货员："今天接待了几个顾客?"

"一个。"

"只有一个? 营业额多少?"

"888万元。"

经理大吃一惊，要他谈谈这笔生意的情况。

售货员说："顾客先买了鱼竿和鱼钩，我问他准备到哪里钓鱼，他说往海边去。于是我建议他买一条小船，他买了一条七米长的轻便快艇。他说他的微型车可能拖不动这辆快艇，我又带他到汽车部买了一辆动力较大的越野车。"

经理怀疑地问："他来的时候只是为了买一根钓鱼竿?"

"不，"年轻的售货员回答，"他来的时候是想买一些阿斯匹林治疗他的头痛，我建议他最好去钓鱼散散心，这样头痛自然会好。"

常见的商业模式如表2-1所示，一共有22种。

以客户为中心，这不仅是商业模式设计的核心，更是商业模式实施的核心。

表2-1　常见的商业模式

序号	模式	序号	模式
1	ABC（代理商-商家-消费者）	12	G2B（政府对企业）
2	B2B（经济组织对经济组织）	13	IaaS（基础服务）
3	B2B2C（企业对企业对消费者）	14	M2C（生产厂商对消费者）
4	B2C（经济组织对消费者）	15	M-B（移动电子商务）
5	B2F（企业对家庭）	16	O2O（网上与网下相结合）
6	B2G（政府采购）	17	P2C（生活服务平台）
7	B2M（面向市场营销商务）	18	P2P（点对点、渠道对渠道）
8	B2S（分享式体验式商务）	19	PaaS（平台服务）
9	BAB（企业-联盟-企业）	20	SaaS（软件服务）
10	C2B（T）（消费者集合竞价团购）	21	SNS-EC（社会化网络）
11	C2C（消费者对消费者）	22	SoLoMo（社交本地化移动）

一、客户的概念

（一）消费客户

购买最终产品或服务的零散客户，通常是个人或家庭。

（二）B2B 客户

购买你的产品（或服务），并在其企业内部将你的产品附加到自己的产品上，再销售给其他客户或企业以赢取利润或获得服务的客户。

（三）渠道、分销商、代销商

不直接为你工作的个人或机构，通常无须你支付工资。此类客户购买你的产品用于销售，或作为该产品在该地区的代表、代理处。

（四）内部客户

企业（或相关企业）内部的个人或机构，需要利用企业的产品或服务来达到其商业目的。这类客户往往最容易被忽略，而随着时间的流逝，他们也是最能使企业盈利（潜在）的客户。

二、针对不同的客户，要设计不同的方案

在B端（管理平台），以生产、批发、零售客户需求为出发点，整合资源提供服务。这一点对于很多工厂负责人和经营负责人是有一些难度的，首先，多数企业负责人和经营者想到的都是自己的专业，专业的人做专业的事，很难为客户提供延伸和综合的服务。其次，为B端提供服务不是指将工厂变成经销商，而是为客户提供立体的服务，建立起引流、黏性、盈利、延伸产品的体系。最后，B端的服务需要专业化、数据化、智能化，但核心的问题还是要盈利。

在C端（客户端），以消费客户需求为出发点，整合资源提供服务。例如，在中国农资连锁的发展历史上，很多农资连锁失败。一个重要的原因是过去的农资连锁大多追求的是“六个统一”，日常的管理也是以卖货为中心开展，对C端的真实需要缺乏了解，服务C端的服务能力不足。如果以种植户的需求来整合资源，把种子、农药、化肥、种植技术、购销服务等整合到一起，把看得到的钱分掉，挣整个链条和延伸产品的钱，这样的做法结合产品线设计，将会产生强大的竞争力。

这种做法的风险在于，其中有的产品经营存在风险引起连锁反应的可能，如果自己服务能力不足，则要做好合同处理，在非核心业务外包时，明确自己只挣“提成”部分的钱，不承担经营风险。同一个公司，做种子的企业不做农药、化肥，做农药的不做种子、化肥等，就是基于这些考虑。

三、互联网的商业模式与传统企业的区别

（一）消费模式的不同

传统产品经济以企业为中心的，产销分离。对于消费者来说，只能被动接受，无论消费者如何选择，都是被动选择，即消费者没有任何话语权。

互联网模式下，消费者是中心，他们可以参与到了企业的前端生产过程中，由消费者变成参与产销者，这就推动了产品经济向分享经济进化。在互联网模式下，消费者和用户可以分开，每天我们可以免费使用搜索引擎，但付出成本的却是愿意为排名付费的商家。

（二）制造模式的改变

互联网的碎片化特征导致消费者提出个性化需求，消费者喜欢什么，企业就要满足什么，这是互联网赋予消费者的权利。如果不能满足消费者的个性化需求，企业就会被淘汰。

消费者在互联网领域中，往往以群体的形式存在，社群有强大的扩散力，传统媒体思维下无法将大量分散的、碎片化的个体连接在一起，而互联网下的大供应链平台完美解决了创业的核心难题。

（三）商业模式的改变

传统经济的发展基础是分工理论，这种理论的实践最常见的就是流水线作业，程序化作业。互联网的去中心化特征打破了企业自成体系的封闭组织，动摇了传统企业层级式和流水线式的流程，使企业变成了互联网分布中的一个节点。

第二节 商业模式的两大内容

一、去中介化与个性化

（一）去中介化

所谓“去中介化”，并不是将市场上所有中介全部去掉，而是通过互联网这个超级信息媒介，取代独立的个人和机构为主体的收费信息中介。

当然，有人说阿里巴巴不就是最大的中介吗？还谈什么去中介化？其实，很多人并没有搞清楚工业互联的真实内容，互联网的优势在于可以把支付信息终结的成本降至最低，让信息足够廉价，不断缩小个人信息中介的生存空间，所以去中介化绝不是去掉所有的中间环节。

1. 节省交易成本，多方受益。有业内人士认为，利用互联网“去中介化”，最直接的优势就是去除了中间环节，供需双方直接对接，节约了时间、人力、物力等多方面交易成本，能够直接惠及交易双方。

作为手机行业传奇的小米公司，依托互联网的优势，进行了堪称教科书一般的产品营销。小米总裁雷军先生更是自建微博，与粉丝互动，又是讲故事，又是抽奖，加以文案营销、社群营销、粉丝营销等一系列辅助手段，实现了让小米手机从公司直接面向消费者的“短道速滑”，摒弃了代理商、经销商从中的利润抽成，消费者感觉到了实惠，小米赚到了利润。

2. 大数据为行业赋能。应用互联网的一个重要特点就是数据化，“互联网+”不仅仅是将互联网应用于传统行业，更是将无所不在的计算、数据反馈给行业本身，促进行业创新。当互联网“去中介化”广泛应用于某个领域时，便可以通过该互联网平台的大数据去监测行业发展走向，为行业发展提供客观参考。

以前，生产商家之所以要依附于渠道商，是因为渠道商掌握着产品流通和销售的环节。但在大数据时代，信息前所未有的透明化和数据化，上游企业可以直接以数据作为指导，以互联网为媒介，制定营销计划，实现产品的定制化和高效化。

3. 透明化助力行业转型升级。由于互联网“去中介化”缩短了交易链条，避免了过多的人为参与，交易过程会清晰地记录在互联网上，可随时审核查看，这在一定程度上保证了交易的透明度，有助于行业整体水平的提升。

如作为 C2C 平台的赶集网、瓜子二手车交易网，收费十分透明，整个交易过程没有其他收费环节，直接避免了暗箱操作下的恶性高额中介费，为交易双方增加了获益空间，也同时带动了整个行业的发展。

（二）个性化

随着 IT 技术的不断发展，“个性化”越来越成为这个时代的主旋律。个性化消费开始于 20 世纪末，随着以网络为代表的数字技术的发展，互联网成为承载个性化的商务平台，互联网的发展把个性化需求和与此相关的个性化产品和服务整合了起来。所以我们说，移动互联时代其实就是一个个性化的时代。进入 21 世纪，消费者的“自我”意识逐渐强化，个性化消费呈现出前所未有的发展态势，显示出强大的生命力，具体表现在以下三个方面。

1. 个性化群体增多。随着信息技术的发展，一种新兴的消费群体已经成型。这个消费群体的一个重要特征就是具有较强的消费个性。他们充满热情，对新技术反应积极，喜欢运用具有个性化和亲和力的创新科技成果。他们大多是独生子女，他们的消费观念与父辈们相比发生了成大的变化。他们是新产品积极拥护者，他们思维独立，敢于接受挑战。

他们打破了由市场为消费者制定消费标准的被动消费模式，取而代之的是一种注重个性化的自我消费形态。他们为自己定下消费要求，要求由市场上的品牌和产品迎合他们，而非一窝蜂地追赶市场上时兴的东西。

2. 个性化消费需求旺盛。有一种生活方式存在，就会有与其相对应的消费市场存在。一开始，某种产品或品牌就与特定的消费者联系，个性化消费出现后，所涉及的消费范围越来越广，不仅改变了人们的生活方式，也改变了传统的销售方式。面对个性化消费，网上出现了私人定制、在线试穿等销售模式，这更加促进了人们消费的个性化。

3. 高新技术促进了个性化消费。市场经济给人们带来了物质生活的极大便利与满足，而高新科学技术成果的出现，更是为个性化消费提供了强大的物质基础。随着新技术的发展，产品开发、设计变得越来越容易，互联网的出现、发展及普及，让人们既是产品使用者，也是产品研发、设计者。国外已经实现大规模的订单制生产，即根据消费者的爱好、品位和需求，设计生产出满足其不同需要的不同产品。

为此，个性化定制信息需求和个性化商品需求成为发展方向，消费者可以把个人的偏好放到商品的设计和制造过程中。面对个性化消费的浪潮，企业应该把握好网络定制，在产品的设计、生产与营销方面，努力追求产品的个性与品格，以满足不同年龄、不同层次消费者的个性化需求。

二、数据入云和链接入端

（一）大数据与云数据

大数据时代，人人都开始用数据的眼光来看待事物。确实，数据直观明了地传达出来的信息让人一下子就能领略且毫无疑点，不过前提是数据本身的真实性和准确度要有保证。

当今世界，信息技术与经济社会的交会融合引发数据迅猛增长，数据已成为国家基础性战略资源。大数据的发展和应用正日益对全球生产、流通、分配、消费活动以及经济运行机制、社会生活方式和政府治理能力产生重要影响。

云数据库是专业、高性能、高可靠的云数据库服务。云数据库不仅提供WEB操作界面，还提供可靠的数据备份和恢复、完备的安全管理、完善的监控、轻松扩展等功能。相对于用户自建数据库，云数据库具有更经济、更专业、更高效、更可靠、简单易用等特点，使用户能更专注于核心业务。将一个现有的数据库优化到云环境有以下好处：

1. 可以使用户按照存储容量和带宽的需求付费。

2. 可以将数据库从一个地方移到另一个地方（云的可移植性）。

3. 可实现按需扩展。

4. 使数据具有高可用性（HA）。

将数据库部署到云可以通过简化可用信息的方式，利用Web网络连接业务进程，支持和确保云中的业务应用程序成为软件（即服务）的一部分。另外，将企业数据库部署到云还可以实现存储整合。比如，一个有多个部门的大公司肯定也有多个数据库，可以把这些数据库在云环境中整合成一个数据库管理系统（DBMS）。

（二）云数据库的优势

1. 轻松部署。用户能够在关系型数据库服务（Relational Database Service，RDS）控制台轻松完成数据库申请和创建，RDS 实例在几分钟内就可以准备就绪并投入使用。用户可以通过 RDS 提供的功能完善的控制台，对所有实例进行统一管理。

2. 高可靠。云数据库具有故障自动单点切换、数据库自动备份等功能，保证实例高可用和数据安全。免费提供 7 天数据备份，可恢复或回滚至 7 天内任意备份点。

3. 低成本。RDS 支付的费用远低于自建数据库所需的成本，用户可以根据自己的需求选择不同套餐，使用很低的价格得到一整套专业的数据库支持服务。

（三）体验经济与链接端口

从原材料采购、产品生产到终端消费，打造各个体验终端体，将体验经济通过链接传播，扩大影响，这是体验经济与互联网结合的新途径。

对于体验经济，《哈佛商业评论》定义为："体验经济就是企业以服务为舞台，以商品为道具，以消费者为中心，创造能够使消费者参与，值得记忆的活动。其中的商品是有形的，服务是无形的，创造出的体验是令人难忘的。"

简而言之，体验经济可认为是一种变被动为主动，变主动为互动的新型经济形态。相对于产品经济和服务经济，它更强调顾客参与感及亲身体验，通过体验获得美妙深刻的印象，并达到自我提升的高层境界。

体验（Experience）通常被看成服务的一部分，但实际上体验是一种经济物品，同服务、货物一样是实实在在的产品，不是虚无缥缈的感觉。

所谓体验，就是企业以服务为舞台、以商品为道具，围绕消费者创造出值得消费者回忆的活动。其中的商品是有形的，服务是无形的，而创造出的体验是令人难忘的。与过去不同的是，商品、服务对消费者来说是外在的，但是体验是内在的，存在于个人心中，是个人在形体、情绪、知识上参与的所得。

计算机的"端口"是英文 port 的义译，可以认为是计算机与外界交流的出口。其中硬件领域的端口又称接口，如：USB 端口、串行端口等。软件领域的端口一般指网络中面向连接服务和无连接服务的通信协议端口，是一种抽象的软件结构，包括一些数据结构和 I/O（基本输入输出）缓冲区。

（四）云数据库对现代企业管理的意义

做好“数据入云，链接入端”对于现代企业的管理有着重要的意义。例如旗舰店和区域体验中心的打造，通过数据入云，链接入端，消费端大数据管理可实现有效复制，其效用不同于传统店面管理。

以消费端运营管理为例，抓住消费端关键数据，建立链接端口体系。客流量、进店率、成交率、客单价、连带率、复购率较为重要，在线上网店和线上实体店均是如此。

1. 客流量：客流量是指单位时间经过商店门口的人数。跟所在商圈人气、天气、节日等有关，此乃外部因素，很难改变，但客流量的数据也是一切分析的基础。这一点过去较难解决，现在有一些软件公司有专门的视频统计软件，可安装在消费端。

2. 进店率：单位时间内从店铺门口经过的客流量与进入店铺内的客流量的比例。跟所在商圈、时间点、店铺业务、品牌知名度、店内人气、活动促销、门店装修、门头宽度、进门方便性等因素有关。有客流量统计数据作为基础，进店率不难计算。

3. 成交率：成交是一切商业运营的核心，影响成交率的因素也有很多，包括产品类别、产品价格、产品款式、产品质量、品牌知名度、导购人员、门店装修、店内布局、活动促销等因素。客流统计系统可以通过每个时间段的进店人次来获取进店率，但是要统计成交率就需要和店铺的库存管理系统打通，通过每个时间段的开单数量来计算，有一些软件已经能够做到。

4. 客单价：是指一定时间内，每一个顾客平均购买商品的金额，客单价也即平均交易金额。客单价＝动线长度×停留率×注目率×购买率×购买个数×商品单价。如果以上面这个公式来分析的话，就不难看出影响客单价的因素了。

5. 连带率：连带率是指销售的件数和交易的次数相除后的数值，反映的是顾客平均单次消费的产品件数。主要影响因素包括：产品组合摆放、活动促销、导购人员。在低客单价产品中前两者的影响较大，在高客单价的产品中导购人员的影响很大。

6. 复购率：全称是“重复购买率”，也就是所有顾客中，购买该产品的次数超过一次的顾客的比例。重复购买率越高，意味着顾客们对该产品越忠诚。留住一个老客户的成本要比吸引一个新客户的成本低得多。这些老客户对店铺来说至关重要，其主要影响因素包括：会员营销体系、购买体验、售后服务、品牌认知、促销活动。

（五）智慧农业

1. 精准农业。主要是指：将传感器等硬件收集到的实时农作物、土壤、牲畜数据与天气、温度、湿度等环境数据相结合，利用分析软件对数据进行处理，向农业用户提供更好的决策建议，达到节省资源、提高产量、降低风险等一系列目的。具体应用包括精准种植、精准灌溉、精准施肥、精准农药喷洒等。该部分在智慧农业中市场规模最大、商业化最成熟。

2. AI 农作物病害检测。AI 的应用领域非常广泛，比如农业专家系统，也可以叫农业智能系统，是一个具有大量农业专业知识与经验的计算机系统。应用 AI 技术可依据一个或多个农业专家提供的特殊领域知识、经验进行推理和判断，模拟农业专家就某一复杂农业问题进行决策。

3. 农产品无损检测，即在不损坏检测对象的前提下，利用被测物外部特征和内部结构所引起的物化反应变化，来探测其性质和数量变化，主要用于水果、蔬菜、畜禽、水产品类、经济作物和谷物籽粒等的检测与分级。随着无损检测技术的发展，AI 技术将在农产品无损检测中发挥越来越重要的作用。

4. 智能农田气候预测系统，即通过对卫星拍摄图片、航拍图片以及农田间其他设备拍摄的照片进行智能识别和分析，AI 能够精确预报天气、气候灾害，识别土壤肥力，庄稼的健康状况等。

（六）农事体验经济方兴未艾

农事体验是让客户参与农耕、感受农趣，同时也将农事活动、农耕文化与农业知识相结合，在传承农耕文明的同时，通过原乡、原俗的农事体验，展现农业生产劳动热烈场面，让客户体验农业劳动生活的一种休闲旅游方式。

1. 种植体验。种植体验，就是在休闲农业和乡村旅游过程中进行种植劳动，获取种植知识，体验种植生活的一种休闲旅游方式。例如，水稻犁田插秧、果树嫁接移栽、花卉造型做盆景、蔬菜苗移栽和培管等就是种植体验。通过这些劳动体验，能让客户获得相关农事知识、体验农事生活、休闲旅游开心。

2. 养殖体验。养殖体验，就是在休闲农业和乡村旅游过程中体验畜禽、水产等的养殖劳动，与动物互动、参与捕捉活动等。例如，给鹅、兔子、小牛喂草，还有捡鸡蛋、捉鱼、撒网、捉泥鳅、捉鸡等。通过这些活动体验，能让客户获得养殖知识、体验养殖生活。

3. 加工体验。主要指农副土特产品加工，乡村作坊、乡村手工艺等的加工活动。其加工包括初级加工、浅层加工，如将稻谷碾成米，将米磨成米粉和米浆，将鲜茶加工成绿茶、红茶等。还有精深加工，如将稻谷加工成谷酒，将大米加工成米酒、米线，将米粉加工成年糕、汤圆等。客户通过参与加工实践，可以获取加工知识，体验加工生活。

4. 生产体验。生产体验，主要指的是通过在农田中进行中耕、播种、除草、施肥、灌水、防虫、治病等生产劳动体验，获取农田生产知识，体验农民生产生活方式。例如，水稻、小麦、玉米、蔬菜、水果等播种、移栽、除草、施肥、灌水、防虫、治病等农田管理既是一种生产劳动，也是一种生产体验，还是一种生活方式。

5. 收获体验。收获体验，主要是通过在农田中进行农作物及其水产品收获，获取收获知识，体验收获生活的生活方式。例如，水稻、小麦等的收割，水果、蔬菜的采摘等。游客可以获取收获知识、体验收获的喜悦。

6. 品尝体验。品尝体验主要指游客到乡村田园品尝自身种养或采摘收获的农副土特产品。其实，品尝体验尝到的农产品味道与平时日常生活中尝到的农产品相比是基本相同的，但感受却大不相同，游客通过品尝自身的劳动成果，不仅仅品尝到农副土特产品的味道，还有游客亲身劳动的收获。到休闲农业园采摘，不仅甜在嘴里，更是喜在心里。

7. 生产工具使用体验。主要包括拖拉机、插秧机、收割机、抽水机、小型农机具等现代生产工具使用体验，也包括锄头、镰刀、水车、犁、耙、石牛、舂臼、石磨、风车、石砻、渔网等传统生产工具使用体验。通过现代生产工具的使用可以获取农民使用生产工具的一般知识，体验农民使用生产工具的一般生活，通过传统生产工具的使用则可以获取历史知识，体验农耕历史生活。

8. 生产资料应用体验。生产资料应用体验主要指肥料、农药、农膜等农资物资体验。生产资料应用体验特点就是直接投入于作物生产中、田园里，有利于农作物的生长发育，有利于农作物生产品种多样、品质优良、营养丰富、口感适宜、卫生安全、外观美观。通过这些应用体验，能获取其知识，体验其生活，使游客心情愉悦。

9. 生产技能运用体验。生产技能运用体验主要包括古代生产技能、传统生产技能和现代生产技能体验。古代生产技能如刀耕火种自然农法；传统生产技能如区田法和代田法；现代生产技能如立体农业、循环农业、综合开发等。通过生产技能的运用和体验，既能让游客获取农业生产技能知识，体验农耕生活，又能使游客了解、感知农业生产技能发展。

当前，这些体验经济在很多农场、大棚中均有体现，但不少地方存在“体验”不“经济”的问题。商业模式落地的重要内容之一就是“去中介化和个性化”，体验经济与商业模式结合起来，“体验”“经济”的问题将会得到更好的解决。

第三节　语言钉、视觉锤和信任状

根据 think3 group 智立方品牌营销传播集群董事长兼 CEO 杨石头的论述，PC 互联网时代解决的是多与少的问题，主要是供求关系问题。移动互联网时代解决的是快与好的问题，主要是更快，更好，体验。

行业内战场的发展，从产品战场到渠道战场再到心智战场，从竞争进入心智阶段。心智地位决定市场地位，市场份额反映心智份额。

心智是稀缺资源，心智是人对某一事物长期积累而形成的优势认知。心智资源包括国家、品牌、人物等；心智优势包括屏蔽效应、认知效应、溢价效应、渠道效应、资源效应；心智特征包括心智有限、心智厌恶杂乱、心智缺乏安全感、心智不愿轻易改变、心智容易失去焦点、心智分类存储等。

一、语言钉启动左脑

语言具备情感力量，千言万语不敌一个词、一句话，应尽量用精准的词句或概念来表达核心要素。创意营销的目的，是要把一个字或一个词语概念，加上一个可感知的视觉，植入到消费者心智中去。语言钉解决来自心智中未被满足的痛点问题，是帮助钉子进入心智的最佳工具。

痛点问题是基于人平时思考和行为习惯的观察，找到消费者未被满足的痛点需求和欲望。找到痛点才能找到答案。

语言钉主要包括六种类型。

1. 直接型。例如，果冻我要喜之郎；奶茶就要香飘飘；收礼还收脑白金；爱她，就请她吃哈根达斯；神州行，我看行。

2. 态度型。例如，晚报，不晚报；嘴闲着特危险；不是所有的牛奶都叫特仑苏；敢做敢当当；Just Do It；你的能量超乎你想象。

3. 功能型。例如，怕上火，喝王老吉；困了累了喝红牛；有汰渍，没污渍；他好，我也好；营养还是蒸的好；上天猫，就购了；多快好省上京东。

4. 体验型。例如，味道好极了；农夫山泉有点甜；这酸爽，简直不敢相信；今天坐好一点；驾驶的乐趣。

5. 未来型。例如，创造正在发生的未来；进无止境；超越时代，洞见未来。

6. 情怀型。例如，男人的情怀，洋河蓝色经典；山高人为峰；不在乎天长地久，只在乎曾经拥有；钻石恒久远，一颗永流传。

二、视觉锤启用右脑

画面是先于文字出现的，一说童年，你想到的是什么，往往都是画面。视觉只有符合消费者心智认知模式才会更有力量，视觉要捕捉到符合心智认知的视觉符号，找到和语言钉形成互补的视觉图形。

(一) 视觉锤 10 大类型

1. 创始人。创始人是最好的锤子，公司出名最好的方式是创始人先出名。创始人自己的形象可以为产品代言，成为精神偶像，使品牌人格化，通过个人名号让自己被记住，而且人名好记忆、好关联。

2. 卡通化。卡通化制造亲和力，方便记忆。例如康师傅，开瑞坦。

3. 形状。形状是最容易进入心智的视觉符号，最有力的图形是圆形、方形。

4. 颜色。最有利于打造品牌专属性。不同颜色代表不同风格、含义。如红色代表吉祥、稀奇、热烈、奔放、激情、斗志、革命、警告。紫色代表尊贵、浪漫。黑色代表冷酷、力量、神秘、太空。绿色代表清新、希望、安全、平静、舒适、生命……

用色有三个原则，一是符合消费者对色彩的心理认知。二是如进入某个品类恰好比较早，可以抢先占据某个特定颜色建立品牌声誉。三是建立竞争对立意识。

5. 产品特色。一个好的有特色的产品，本身就是抹不掉的视觉锤，例如特斯拉跑车。

6. 包装。包装就是品牌的最直观体现，一个好的包装可以成为品牌标识，改变一家企业的命运。一个独特的包装会挑战常规认知，例如可口可乐的包装。

7. 代言人。尽管名人代言对品牌的价值在一直下降，但目前依然是一个快速有效的方式。名人代言的 4 个原则：一是名人够有名；二是符合产品人群对位认知；三是名人口碑要好；四是性价比高。

8. 卡通化。首先是符号化，一个复杂的理念，用暗喻或符号化方式来呈现是最佳方式。符号化要符合认知条件，一方面符合心智认知，不需要太多解释；另一方面，符号化不限于图形，可以是肢体语言，也可以是声音、嗅觉、味觉。例如港囧的囧手势、中国好声音的 V 形手等。

9. 动物。每个消费者心中都有一个萌宠，找准了，就可以成为最佳视觉锤。动物使用原则：一是容易认知，心智中有的动物；二是同一品类不能和竞争对手形象一样。例如京东狗、天猫。

10. 历史故事。制造可相信的理由，没有什么可以和历史及故事相比。历史无法复制，故事无法替代。

简而言之，语言钉：简单明了，一词定心智。视觉锤：让定位进入心智的最好工具。“语言钉＋视觉锤”的结合应该能体验，不要体现；能感知，不要告知。

（二）品牌符号自带流量的关键点

1. 确保新产品的名字可以很容易地被记住。
2. 一句话概括你的这款产品。
3. 产品具有很强的视觉个性。
4. 设计一个绝妙的产品故事。
5. 利用多渠道进行产品推介。
6. 递进式地向公众发布你的信息。

三、信任状强化认知

信任状是品牌沟通的重要一环，被认为是品牌在消费者心智中的担保物，品牌通过强调自己的信任状来提高可信度，为消费者提供了选择品牌的理由。

信任状的十个维度：

1. 原材料供应。
2. 生产过程。
3. 销售场景。
4. 科研记录。
5. 员工、供应商、经销商等代言。
6. 企业负责人、股东等代言。
7. 名人代言。
8. 权威部门、专家等代言。
9. 检测数据、质量认证、标准认证等。
10. 历史视频、即时视频等。

基于互联网时代信息泛滥的情况，语言钉、视觉锤、信任状的设计与任用更加重要。在互联网工具的加持下，消费者信任体系的建立变得更为便利。运用互联网思维，重新设计企业运营的语言钉、视觉锤和信任状，将使企业商业模式的实施事半功倍。

第四节　四类产品设计

四类产品的设计源于客户的不同需求。

一、客户的痛点、爽点、隐性需求和热点营销

（一）客户的痛点

客户的痛点，是指客户在使用产品的过程中抱怨的、不满的、感到痛苦的接触点。痛点本身对应的是点而不是面，解决方法不需要完美，不需要面面俱到，要找准切入点。痛点不能是用户直接提出的需求，痛点来源于需求，并与需求相辅相成。需求是痛点的源泉，痛点是需求发展到某一阶段的必然结果。需求：我想要什么。痛点：我想要什么，得不到，但是我还是想要。一个痛点可以对应多个问题，痛点隐藏着问题，存在于人们的反馈中。

（二）客户的爽点

“爽点”英文是“Aha moment”，又译作“啊哈时刻”“顿悟时刻”“尤里卡效应”，就是用户第一次体会到你的产品价值的时刻。它通常出现在用户第一次使用你的产品时，特别是用户激活的过程中。顾名思义，“啊哈”是一种情绪表达，它让用户留下了足够强烈的第一印象，从而不断回到你的产品中来。

换句话说，一旦用户进入你的产品，就会开始寻找产品对他们的价值。用户确认产品“有用”的那一刻，就遇到了你产品中的“爽点”。用户可能会，也可能不会意识到这一刻的发生，但无论如何，一个用户是否经历了这一时刻，决定了他会成为你产品的留存用户还是流失用户。

怎么找到产品中的“爽点”？产品经理要做的就是找到和产生“爽点”相关联的动作和行为，以调整产品，促使更多用户产生这样的动作和行为，最终达到自己的“爽点”。

那么，具体应该怎么做呢？

做法 1：从用户数据中发现趋势。

帮助用户找到“爽点”的一种方式，就是通过观察数据来找出关键用户的行为。首先，要仔细留意哪些指标能把转化的用户（比如：留存用户）和其他人（比如：流失用户）区分开来。

然后，再找出 10～20 个你认为与用户留存相关的行为。注意，你要关注的是留存用户而非流失用户的行为，因为这些行为对“爽点”才有用处。找到用户行为和留存度的关联，是迈向成功的第一步。不过，如果你的团队处于创业初期，用户基数较小，就不能只关注数据，这时你还要参考用户的反馈。

做法 2：参考用户反馈。

找到你的活跃用户（留存用户），验证你从数据中得到的结论。如果数据显示出某些用户行为跟留存度之间的关联，用户能告诉你这种关联背后的原因。

举例来说，如果你从数据中发现，活跃用户通常使用“消息”和“日历”两种功能，但是通过用户访谈你发现，对他们最有用的功能是“添加团队日程”。所以，与其向他们分别推销这两个功能，不如使用“安排全体会议日程”这个场景来引导他们将功能用起来。用户给你的是使用场景，通过场景你可以了解用户行为背后的原因。

此外，通过用户还能了解到许多细节，比如：用户在哪个环节考虑过放弃或换用其他产品？哪些产品元素给用户留下了深刻印象？哪些被用户忽视了？

做法3：向流失用户取经。

当然，你不光可以接触留存用户，更可以从那些没体验到产品“爽点”的用户身上取经。他们和那些留存用户体验了同一款产品，却觉得你的产品没有用处。从他们身上，你可以发现产品为什么没有打动他们。

（三）客户的隐性需求

根据马斯洛需求层次理论原理，以最低层次需求为圆心，需求以螺旋形式向高层次拓展。隐性需求不会独立于显性需求，因为其行为主体具有一致性。当隐性需求被挖掘之后，会成为显性需求。隐性需求是显性需求的拓展，显性需求是隐性需求的基础。在拓展的过程中会反复经历从显性需求到隐性需求，再从隐性需求到显性需求的转化过程。

阶段一，隐性需求显化。行为主体经过环境的变化以及不断的学习，隐性需求被认知、发现。这时候隐性需求便显化为显性需求。如上文提到的当人的生活环境改善，人们会认识到需要更干净的水、更干净的空气。

阶段二，需求隐化。当行为主体的显性需求被满足，其心理上得到了满足，而对于需求的期望值会提高，对应的显性需求便逐渐隐化。这个过程的实质是用户在满足了显性需求后的不断联想启发的过程，它在不同领域可以产生很多新的隐性需求。

阶段三，隐性需求再显化。人的认知是一个不断循环的过程，经济和技术发展，人会有更多的认知，于是在上个阶段产生的隐性需求，只要是被认为有价值的，就能够进入这个循环中，得到显化。完成从有着潜在价值的隐性需求向实际的显性需求转化的过程。

阶段四，显性需求再潜化。我们知道，需求是有逐级上升的趋势的，而需求潜化显化的过程是随着需求螺旋上升的。当隐性需求在上升的过程中，可能会遇到资源、经济等限制，其显性需求无法得到抑制，则该显性需求就会潜化成为有价值的隐性需求。

这个模型揭示了显性需求潜化、隐性需求显化的基本规律。这个基本规律提示我们：关注需求的转化，可以帮助我们更好地挖掘“隐性需求”。在产品设计阶段，设计者可以通过设置一定的环境条件，引导需求完成转化的过程，激发用户的“隐性需求”。

（四）怎样做好热点营销

那么究竟哪些客户，哪种营销者适合去追发布会等时效性较强的热点？或者说作为一个营销者，应该怎样利用好这些热点，更好地为自己的营销对象带来更多的关注度？

1. 要想做好热点营销，首先我们需要明确该热点究竟适不适合去深挖。例如王宝强离婚案等舆论性较强的社会热点，关注度高但是众口难调，如果选择对这些敏感的话题进行营销，处理得不好的话往往会适得其反，损害品牌价值。

2. 分析这个热点与我们需要营销的品牌是否有相辅相成的作用。例如苹果发布会以后，围绕着发布会的新品特性、新品购买、新品的售后保障等一系列问题就可以衍生出很多可以营销的场景和空间。比如在新品特性方面，可以与我们需要营销的产品的特点进行结合来强化品牌概念；比如在新品购买方面，金融信用卡、贷款类客户可以站在消费者的角度上来营销自己的一些贷款方案；比如在新品的售后保障方面，保险类客户也可以借此来营销自己的一些保险产品。

3. 当确定一个热点与自己营销的产品特点非常契合的时候，便可以着手构思创意的展现方式。如前文所说的，一个好的创意必须包含：时效性、聚焦热点中的某一个角度以及能够体现强化自我品牌的某一个特征，从而让消费者能“窥一斑而知全豹”，不过切忌通过讽刺等手段来贬低其他品牌来提升自我。当完成创意的创作后，抓紧热点出现后，在网民热度比较高的时候及时通过搜索引擎、展示广告、社交媒体等渠道来增加自己的曝光度。巧妙的创意能够跟消费者受众产生共鸣，从而强化对该品牌的认识度与好感度。

二、重构产品体系

（一）引流产品

引流产品主要是指性价比较高的产品，用于引流。有 2 种设计引流产品的方法——

1. 分割：即在主营产品中分割出一部分，低价或免费投放市场，带动后端销售。

一家童装店，为了吸引客流，拿出一款儿童袜子作为引流产品，要求只要充值 99 元就可以成为会员，而且 99 元可以在店内任意消费。每个月会员日还可以免费领 3 双袜子。这时候有人不禁要问，这不是亏本了吗？其实亏本的概率很小。

我们来分析一下：一双袜子的成本按照 3 块钱来计算，一年也不过 108

元。在这一年中，只要在他身上赚回这 108 元，就不亏本了。再有购买，就是净赚。

传统思维中，服装店老板为了获得更多客流，须要花费高昂的房租，动辄十几万元甚至几十万元。而这位老板只投资了 108 元，就可以让一名精准顾客一年来店里至少 12 次。要是顾客一年来店里 12 次，你都不能和他完成一单生意的话，只能说你的产品太差或是太不懂得维护客户关系了。

同样的方法在餐厅也适用。火锅店经常将汤底免费作为引流产品，虽然损失了汤底费用，但是提高了客流量，在其他菜品上赚钱，总体利润反而提升了。另外大部分线上销售的化妆品、护肤品、美食、课程都会用体验装来引流。

如果你是开美容院的，一个皮肤护理套餐有初期、中期、后期三个阶段，那么你可以将初期护理作为免费引流产品，用来吸引顾客体验，中后期护理赚取利润。

如果你是卖水果的，可以将一车苹果按个头分成小、中、大三堆。小个头的低价卖，作为引流产品。

如果你是开 KTV 的，可以将下午的清闲时间段低价打包，作为引流产品。这就是分割型设计，即在主营产品中分割出一部分，低价或免费投放市场，以达到引流的目的。

2. 增设：即在主营产品前端增加一个产品吸引人气，带动主营产品的销售。

比如，商场里都会设有儿童游乐场，这个游乐场就是吸引儿童兴趣，家长驻足的引流产品。

还有一些经营午餐和晚餐的饭店，会把场地出租给早餐的经营者，不仅利用物美价廉的早餐吸引了人气，还分担了房租压力，一举两得。

微商如果用体验装引流，成本太高的话，也可以增设项目。

例如用鲜花团购做引流活动。鲜花团购很超值，10 朵花仅需 9.9 元，每单满 3 人成团，超过 3 人则另外开团。想要购买的人都会主动邀请身边的人参加，已经扩展到了 10 个微信群。群内大部分是注重生活品质的女性，可再对接美容产品、水果生鲜的经销商。

（二）免费产品

消费卡设计是商业模式设计中一个重要的内容，其中免费引流产品设计是一个重要环节。常见的免费方式有七个：全免、特定时间免费、特定地点免费、特定人员特性免费、特定人群免费、特定产品免费、伪免费。

全免：指的是全部免费，一般是引流产品。这一点要结合黏性产品、盈利产品和延伸产品来考量。

特定时间免费：在某个特定的时间免费，例如节假日等客流量较大的时候免费。

特定地点免费：在某个特定的地点免费，例如在公园的一部分区域免费，以吸引客户进行集中消费。

特定人员特性免费：针对特定人员特性免费，例如生日的当天在店中吃饭免费，以增强客户体验。

特定人群免费：针对特定人群免费，例如舞厅里对女性免费，对男性不免费。

特定产品免费：针对特定产品免费，例如套餐组合，米饭免费吃。

伪免费：并不是真正的免费，例如分期付款等。

（三）黏性产品

黏性产品主要是解决客户消费的便利性，重点解决客户的日常需求。客户黏性，指的是客户对于品牌或产品的忠诚、信任与良性体验等结合起来形成的依赖感和再消费期望值。依赖感越强，客户黏性越高；再消费期望值越高，客户黏性越高。

提高客户黏性，一般做法是：向客户提供个性化十足的服务；让客户认为受到足够的重视；通过特定体系或系统，和客户实现互动与互通；面对客户的不满或疑虑，通过良性沟通，实现客户问题的解决；定期进行高效的客户体验活动，增强客户黏性；对客户进行适当分类，按照客户类别和特征，进行精致化营销。

淘宝网通过让卖家不断升级，从而对卖家形成强大的黏性捆绑，而且时间积累越久，黏性越强，因为钻石和皇冠意味着在淘宝这个平台已经形成了相当的竞争力，一旦离开淘宝平台，原来积累的竞争力将失效。此外，很多游戏中都会设计升级制度，玩家投入的时间和精力越多，级别越高，黏性就会越强，向其他游戏跳槽的机会就越小。

（四）盈利产品

盈利产品主要是高精尖、新奇特产品以及急难重问题解决方案。高精尖、新奇特的产品并不稀缺，需要经常留心。聚焦于客户的急点、难点、重点，为客户提供解决方案，已经是不少企业的重要盈利方向。例如，湖北富邦科技股份有限公司（股票代码：300387）是一家利用新材料、新工艺、新技术服务现代农业的国家火炬计划重点高新技术企业。公司依托多年行业应用经验，从化肥助剂的生产、销售，逐步延伸到与化肥产业链关联极高的相关技术研发与服务，已发展成为集磷矿石综合利用、生产过程节能降耗、含磷工业废水回收、化肥利用率提高、减少农业面源污染等整体方案的提供者。公司坚持自主创新和集成创新，实践绿色设计和清洁生产，为客户提供高品质的产品、精确的自动控制系统以及优良的全程技术服务，公司拥有肥料防结剂、多功能包裹剂、造粒改良助剂、缓控释（失）材料、矿石浮选药剂、生产过程节能降耗助剂等九大系列 60 多个品种，是相关技术和服务的行业标杆。

（五）延伸产品，重点解决客户的隐性需求

现如今，服务已经不局限于满足用户的单一需求，我们提倡服务行业未来向“纵”“横”两个方向发力：“纵”是指挖掘用户的隐含需求，引导用户的消费习惯，想用户之未想，及用户之未及，制造服务亮点，避免严重的同质化；“横”是指通过进行业务整合，从提供单一的服务业务，逐步转化为趋向于提供整体的解决方案，以适应现代人高效、快速的生活节奏。延伸产品是指顾客购买形式产品和期望产品时，附带获得的各种利益的总和，包括产品说明书、保证、安装、维修、送货、技术培训等。附加产品层是产品的第四个层次。这一层次包括供应产品时所获得的全部附加信息和利益，包括送货、维修、保证、安装、培训、指导及资金融通等，还包括企业的声望和信誉。

应该依据什么来选择延伸产品呢？

其一，依据渠道选产品。看所选产品是否与现有产品的销售渠道是一样的或者相关联的。如果渠道差异很大，那么，渠道资源就不可能有效利用。由于渠道的多样性，所以选择的延伸产品最好直接适用于现有的渠道。比如，现在拥有最多的是餐饮渠道，你就需要选择与餐饮密切相关的产品；如果你拥有的是商超优势，那么就需要选择能够主要放在商超进行销售的产品。

其二，选择互补产品。所谓互补产品就是你选择的产品不是与现有经营产品形成竞争的产品。比如你经营的是白酒，那你就可以选择啤酒或者葡萄酒；你经营的是中档白酒，你就可以选择高端白酒。这样的产品与现有产品形成互补，可以扩大单个终端的销售量，并且不会招惹厂家的非议。

选择延伸产品也不能“滥”选，还要坚持一定的原则，最重要的是结合自身实际。正所谓“进亦有道，退亦有道”。只有谋划在前，防范在前，才能获得成功。

第五节　用户生命周期管理五要素

AARRR 是 Acquisition、Activation、Retention、Revenue、Refer，这个五个单词的缩写，分别对应这一款移动应用程序（由于行业内通称“应用”以下行文中简称“应用”）生命周期中的 5 个重要环节。

下面我们来简单讲解一下 AARRR 模型中每个字母的意义。

一、概念界定

（一）获取用户（Acquisition）

运营一款移动应用的第一步，毫无疑问是获取用户，也就是大家通常所说的推广。如果没有用户，就谈不上运营。

（二）提高活跃度（Activation）

很多用户可能是通过终端预置（刷机）、广告等不同的渠道进入应用的，这些用户是被动进入应用的。如何把他们转化为活跃用户，是运营者面临的第一个问题。

当然，这里面一个重要的因素是推广渠道的质量。差的推广渠道带来的是大量的一次性用户，也就是那种启动一次，但是再也不会使用的那种用户。严格意义上说，这种用户不能算是真正的用户。好的推广渠道往往是有针对性地圈定了目标人群，他们带来的用户和应用设计时设定的目标人群有很大吻合度，这样的用户通常比较容易成为活跃用户。另外，挑选推广渠道的时候一定要先分析自己应用的特性以及目标人群。对别人来说是个好的推广渠道，对你却不一定合适。

另一个重要的因素是产品本身是否能在最初使用的几十秒钟内抓住用户。再有内涵的应用，如果给人的第一印象不好，也会“相亲”失败，成为“娶不到媳妇的老大难”。

此外，还有些应用会通过体验良好的新手教程来吸引新用户，这在游戏行业尤其突出。

（三）提高留存率（Retention）

有些应用在解决了活跃度的问题以后，又发现了另一个问题：“用户来得快、走得也快”。有时候我们也说是这款应用没有用户黏性。

我们都知道，通常保留一个老客户的成本要远远低于获取一个新客户的成本。所以狗熊掰玉米（拿一个、丢一个）的情况是应用运营的大忌。但是很多应用确实不清楚用户是在什么时间流失的，于是一方面他们不断开拓新用户，另一方面又不断地有大量用户流失。

解决这个问题首先需要通过日留存率、周留存率、月留存率等指标监控应用的用户流失情况，并采取相应的手段在用户流失之前，激励这些用户继续使用应用。

留存率跟应用的类型也有很大关系。通常来说，工具类应用的首月留存率可能普遍比游戏类的首月留存率要高。

（四）获取收入（Revenue）

获取收入其实是应用运营最核心的一块。极少有人开发一款应用只是纯粹出于兴趣，绝大多数开发者最关心的就是收入。即使是免费应用，也应该有其盈利的模式。

收入有很多种来源，主要的有三种：付费应用、应用内付费以及广告。付费应用在国内的接受程度很低，包括 Google Play Store 在中国也只推免费应用。在国内，广告是大部分开发者的收入来源，而应用内付费在游戏行业应用比较多。

无论是以上哪一种，收入都直接或间接来自用户。所以，前面所提的提高活跃度、提高留存率，对获取收入来说是基础。用户基数大了，收入才有可能上涨。

（五）自传播（Refer）

以前的运营模型到第四个层次就结束了，但是社交网络的兴起，使得运营增加了一个方面，就是基于社交网络的病毒式传播，这已经成为获取用户的一个新途径。这种方式的成本很低，而且效果有可能非常好；唯一的前提是产品自身要足够好，有很好的口碑。

从自传播到再次获取新用户，应用运营形成了一个螺旋式上升的轨道。而那些优秀的应用就很好地利用了这个轨道，不断扩大自己的用户群体。

通过上述 AARRR 模型，我们看到获取用户（推广）只是整个应用运营中的第一步，好戏都还在后头。如果只看推广，不重视运营中的其他几个层次，任由用户自生自灭，那么应用的前景必定是暗淡的。

二、使用方法

通常大家在推广应用时，头痛的是后台统计的激活量比渠道提供的下载量小很多。但是曾经有一位朋友找笔者咨询，说他们公司的一款 App 来自某个渠道的激活量突然猛增。但是他查了在那个渠道（是家应用市场）上的下载量，并没有明显的变化，他非常困惑。

少了多了都会让人头痛——因为数据出现异常，通常就说明有某个环节出了问题。但是光看一个激活量和一个下载量，并不能揭示问题的根本原因，尤其是当我们已经了解了移动应用运营模型时，我们更需要了解在 AARRR 的每个环节中，我们应当关注什么样的数据，什么样的数据表现才是正常的——简单来说，只知道 AARRR 还不够，还要会用才行。

（一）获取用户（Acquisition）

这个阶段，最初大家最关心的数据是下载量。到今天，一些媒体的报道中也还经常用下载量来衡量一个应用的用户规模和是否成功。不过，下载了应用不等于一定会安装，安装了应用也不等于一定使用该应用。所以很快激活量成为这个层次中大家最关心的数据，甚至是有些推广人员唯一关注的数据。通常激活量（即新增用户数量）的定义是新增的启动了该应用的独立设备的个数。从字面上看激活量似乎更应该是第二层 Activation 的指标，但是因为下载量、安装量这些数据都比较虚，不能真实反映用户是否已经被获取。

另一个非常重要的数据，就是分渠道统计的激活量。因为在渠道推广时，很多应用开发者选择了付费推广。结算的时候，自然要了解在某个渠道有多少真正激活的用户。即使没有付费关系，开发者也需要知道哪个渠道是最有效果的。

但是站在更高的高度看，用户获取成本（Customer Acquisition Cost，CAC）才是最需要去关注的数据。行业里有种粗略的说法，每个 Android 用户的获取成本大约在 4 元左右，而 IOS 用户大约在 8 元以上。当然，应用市场下载、手机预置、广告等各种不同的渠道的获取成本是完全不同的。这里面有个性价比的问题，有些渠道的获取成本比较高，但是用户质量也比较高（什么样的用户质量高，下文会有说明）。

（二）提高活跃度（Activation）

看到活跃度，大家首先会想到的指标是 DAU（日活跃用户）、MAU（月活跃用户）。这两个数据基本上说明了一款应用当前的用户群规模，在网络游戏行业这是运营人员必看的两个指标。通常活跃用户是指在指定周期内有启动的用户。但是启动是否真的等于活跃呢？如果在指定周期内只启动了一次，而且时间很短，这样的用户活跃度其实并不高（当然对某些特殊的应用来说可能算高，例如用来记录女性生理周期的应用，一月启动一次就够了）。所以其实还要看另两个指标：每次启动平均使用时长和每个用户每日平均启动次数。当这两个指标都处于上涨趋势时，可以肯定用户活跃度在增加。

针对使用时长和启动次数的渠道统计同样很重要。我们把它们称为渠道的质量数据，如果某个渠道上的用户这两个指标很差，那么在这个渠道上投入太多是没有意义的。最典型的就是水货刷机的用户，很多预置的应用都是在刷机完成时被激活的。针对这种被动激活的用户，可以看另一个指标，叫一次性启动用户数量，也就是迄今为止只启动过一次的用户的数量。

除了渠道，另一个和活跃度相关的分析维度是版本。各个版本的使用时长和启动次数也会有差异。对产品经理来说，分析不同版本的活跃度差异有助于不断改进应用。

此外跟活跃度相关的，还有日活跃率、周活跃率、月活跃率这些指标。当然活跃率和应用的类别有很大关系，比如桌面、省电类的应用的活跃率就比字典类的应用高。

（三）提高留存率（Retention）

下载和安装—使用—卸载或者遗忘，这是用户在每个应用中的生命周期。成功的应用就是那些能尽量延长用户的生命周期，最大化用户在此生命周期内的价值（下一节会谈到生命周期价值这个话题）的应用。

对于大部分应用，应该关心的是 1-Day Retention 和 7-Day Retention。这里笔者之所以用英文，是因为其中文翻译不统一，容易引起歧义。1-Day Retention 通常翻译为首日留存率，其实这个“首日”并不是指应用被安装使用的第一天（假设日期为 D），而是 D+1 日，即安装使用的第二天。因为安装使用的第一天没有留存率这个概念（有的话，只能是 100%）。到了第二天，前一天安装使用的用户中还有多少百分比的人还在启动使用这款应用，这就是 1-Day Retention。因为是第二天，所以有些文章中也叫“次日留存率”。同样的，7-Day Retention 是在 D+7 日启动使用这款应用的占 D 日首次安装使用这款应用的用户总数的百分比。通常用户新安装使用后的前几天是流失比例最大的时期曾经有游戏行业的行家指出，如果想成为一款成功的游戏，1-Day Retention 要达到 40%，7-Day Retention 要达到 20%。

有些应用不是需要每日启动的，那样的话可以看周留存率、月留存率等指标，会更有意义。留存率也是检验渠道的用户质量的重要指标，如果同一个应用的某个渠道的首日留存率比其他渠道低很多，那么这个渠道的质量是比较差的。

（四）获取收入（Revenue）

关于收入，大家最耳熟能详的指标就是 ARPU（平均每用户收入）值。对应的比较少提的还有个指标叫 ARPPU（平均每付费用户收入）。有网络“大 V”在微博里贴图比较二战风云的 ARPU 值时就注明了是周付费用户的 ARPU（所以其实是 ARPPU）。但是很多人误读了以为是六十多元的 ARPU 值，就会让他们对 Android 游戏产生过分的乐观。

是不是 ARPPU 高，ARPU 就一定会高呢？答案是不一定。因为其中还有个指标是付费用户比例，也就是付费用户在全部用户中所占的比例。如果付费用户比例较低，那么那些收入摊到所有用户身上的平均值就低了。通常来说，如果某个游戏为了提高 ARPPU，提高了虚拟道具的价格，那么付费用户比例就会相应降低。找到一个 ARPPU 和付费用户比例的平衡点，才能使收入最大化。

但是收入并不是最重要的，利润才是。如何最大化利润呢？利润最简化的计算公式是：利润=收入-成本。首先我们看一下成本，我们在上一篇中提到过 CAC（用户获取成本）。除此之外，还有应用本身的开发成本、服务器硬件和带宽成本以及运营成本等。不过在用户量很大的情况下，CAC 会成为最主要的成本，而其他成本不在一个数量级，所以我们在后续讨论中只考虑 CAC。

那么收入如何计算？ARPU 是一个和时间段相关的指标（通常讲得最多的是每月的 ARPU 值），还不能完全和 CAC 对应，因为 CAC 和时间段并没有直接关系。所以我们还要多看一个指标：LTV（生命周期价值）。用户的生命周期是指一个用户从第一次启动应用，到最后一次启动应用之间的周期。LTV 就是某个用户在生命周期内为该应用创造的收入总计，可以看成是一个长期累计的 ARPU 值。每个用户平均的 LTV＝每月 ARPU×用户按月计的平均生命周期。

LTV－CAC 的差值，就可以视为该应用从每个用户身上获取的利润。所以最大化利润，就变成如何在降低 CAC 的同时，提高 LTV，使得这两者之间的差值最大。更进一步的，对不同渠道来源用户做断代分析，根据他们不同的 CAC 和 LTV，就可以推导出不同渠道来源的利润率差异。

（五）自传播（Refer）

自传播，或者说病毒式营销，是最近十年才被广泛研究的营销方法。虽然大家都听过一些病毒式营销的经典案例，但是要说怎样量化评估其效果，却很少有人知道 K 因子（K-factor）这个衡量指标。其实 K 因子这个术语并非起源于市场学或软件业，而是来源于传染病学——对，就是研究真正的病毒传播的科学。K 因子量化了感染的概率，即一个已经感染了病毒的宿主所能接触到的所有宿主中，会有多少宿主被其传染上病毒。

K 因子的计算公式不算复杂，K＝每个用户向他的朋友们发出的邀请的数量×接收到邀请的人转化为新用户的转化率。假设平均每个用户会向 20 个朋友发出邀请，而平均的转化率为 10%的话，K＝20×10%＝2。这个结果还算是不错的效果——当 K＞1 时，用户群就会像滚雪球一样增大。如果 K＜1 的话，那么用户群到某个规模时就会停止通过自传播增长。

很遗憾的是，即使是社交类的移动应用，K 因子大于 1 的也很少。所以绝大部分移动应用还不能完全依赖于自传播，还必须和其他营销方式结合。但是从产品设计阶段就加入有利于自传播的功能还是有必要的，毕竟这种免费的推广方式可以部分减少 CAC。

以上我们列举了在应用推广运营各个层次（各个阶段）需要关注的一些指标。在整个 AARRR 模型中，这些量化指标都具有很重要的地位，而且很多指标的影响力是跨多个层次的。及时准确地获取这些指标的具体数据，对于应用的成功运营是必不可少的。

三、五大注意事项

注意事项 1：AARRR 是用户指标，其他业务不能硬套。

AARRR 本质指的是用户相关的指标，更适合 B2C 的快消品零售类业务。其他业务不能生搬硬套，如果生搬硬套就会出笑话。

比如 B2C 的耐用品业务，就出现过某传统家电大厂建了个公众号，天天让客人吹着空调抽着奖，结果白浪费经费的笑话。

比如 B2C 的旅游业务，就出现过大量的小太阳家庭就是暑假才出去旅游，平台却以为用户流失，狂发券，结果被薅羊毛薅到爽的笑话。

比如B2B2C的各类经销商垄断下游渠道的业务，看似有用户，实际上根本接触不到。你跟经销商谈活跃、谈留存，最后所有的投入都被经销商薅了个干净，让中间商赚足了差价。

比如B2B的业务，一年就采购那3个月有动作，拿下单子吃三年。如果按B2C零售的口径统计，这用户到底算流失呢还是留存呢？

比如很多传统企业也做了会员卡，可线上线下没打通，门店不强制录卡号，会员关联订单比例不到30%，这时候拿AARRR模型衡量产品的生命周期，就会彻底把企业带到沟里去。

所以说到底，AARRR本身更适合基于移动App的游戏、电商、O2O、社交平台类业务，在讲AARRR之前，最好先想想自己的公司是不是真的符合相应的业务场景。

注意事项2：AARRR适用于用户分析，其他分析不能硬套。

同注意事项1，AARRR是主要针对用户的指标，并不能分析所有类型的产品。比如一个电商网站，除了关注用户外，商品本身的进、销、存也非常重要。要关注商品进、销、存，就得关注量收利人货场，这些分析都是以商品为单位展开的，关注的是商品的生命周期，商品的周转损耗，商品的采购、库存、出货。

比如做B2B业务的销售或者大宗耐用品的销售，关注的核心是售前的7步跟进，关注的是用户需求点。所以在讲AARRR之前，最好先考察一下对方的部门，对方关注的问题，这样能更好地提供命中率。

注意事项3：AARRR是五个方面，不是五个指标。

这是新人犯的头号错误，AARRR指的是五个思考问题的方面，不是五个具体指标，更不是一个用户的五种状态。这五个方面，每一个都能拆出来很多二级指标，再加上分类维度，每个方面都能成为一个独立分类模块，在每个模块内都可以有独立的分析。

而很多新人误以为AARRR就是新人数、活跃用户数、保留率、转化率、转发率五个指标。甚至还有些人更误以为AARRR是一个用户的五个指标，我们要促使所有的用户从A到A到R到R到R……其实我们自己就可以想想看，我们下载的App有多少是为了薅羊毛，有多少用一次就丢。自己都做不到的事，别指望用户也能做到。

注意事项4：AARRR是整体设计，不是一视同仁。

这是新人犯的第二号错误，AARRR用来诊断业务的状况，不是每个指标单独拆开看，一味追求某个值的高低，而是摆在一起，找到最适合自己业务的平衡点。因为每个业务面对的核心客群、用户需求不同，发展业务的手段也不同，就催生出不同的发展模式（或者叫套路），在这些发展模式的指导下，

AARRR 五个方面会产生不同的组合。

当业务类型是平台类业务，一个平台包含多种业务形态的时候，就得分层设计战术。

比如商旅平台，商旅用户（高频高消费）、节假用户（高频低消费）、婚庆用户（低频高消费）、散客都有不同的需求。比如电商运营，不同产品类目，耐用、快消、服装、食品本身的消费节奏不同，不同核心客群的需求也会有差异。比如在线教育，K12，初升高，在职培训，出国语言培训等需求客群也存在巨大差异。

不区分客群需求，不找核心客群，一概而论 AARRR，反而会抹杀了不同类型用户的巨大差异，在数据指导下的精细运营，变成了被数据忽悠的打地鼠运营。

注意事项 5：AARRR 是有优先级的，不是打地鼠。

这是新人犯的第三号错误，其实是上个错误的延伸。正因为每个业务有自己核心客群，有自己的发展阶段，所以在不同时期，AARRR 五个方面不是一视同仁的，而是有所取舍。要先认清当前的核心问题，再具体看 AARRR 哪个方面最重要，为了保障核心指标，该怎么分析问题，设计战术。

新人们往往缺少整体观念，喜欢打地鼠。看到活跃低了就搞活跃率，看到转化低了就搞促销，看到新人少了就想着投钱买量、搞个裂变。反正数字越大越好看，只看一个指标不及其余。这种是典型的头疼医头、脚疼医脚的做法。实际上，每个维度单独看，都有一些立竿见影的做法。

用户获取 A：花钱买量，砸广告……

用户活跃 A：大转盘、大抽奖、大赠送、单品 9.9 元限时特卖……

用户留存 R：30 天、60 天、90 天派各种券……

用户收益 R：特卖、满减、加 1 元购……

用户转介绍 R：拼团降价，转发拿券，朋友帮忙砍价……

没有整体设计，只看局部的话，就很容易无休无止地派优惠，花费高不说，还会吸引大量薅羊毛用户，最终伤害业务的可持续发展。毫不客气地说，很多互联网公司的费用控制比传统企业落后了 50 年，还停留在 20 世纪 60 年代大炼钢铁时代，人有多大胆地有多大产，大干快上，跑马圈地，优惠各种派派派！反而是经过 20 年搏杀，在这个年代还能生存的实体企业，都有一套费用控制的办法。

小结一下：讲 AARRR 模型的时候，最好的展开方式是先交代当前业务发展阶段（扩张、稳定、收缩）以及业务的首要目标（稳增长，促转化，保收入，控成本），围绕着这两个问题，列举 AARRR 中待解决的几个核心问题，然后再深入看这些问题如何用二、三级指标分析解决，这样会稳当得多。

第六节　落实运营手册，复制运营体系

一、落实运营手册

企业运营，不仅仅要解决“最后一公里”的问题，也要解决“最后一米”的问题。运营手册的编写，分为三个层次，一是企业经营终端运营，例如门店；二是职能、区域或链系运营，例如分公司、子公司、生产中心运营；三是整体层次运营，重点是公司战略与风险管理。

李哲贤的著作《运营实战管理手册》（中国国际文艺出版社出版），强调运营管理“法制治行、文化治心、团队制胜、狼性精神、结果为王”，值得借鉴。

运营手册的重点是为高效复制做准备，各类农业企业的竞争重点各不相同，例如生猪企业的养殖管理非常重要，生产的运营管理成为重要一环；例如生鲜门店管理较为重要，营销端的运营管理较为重要。

二、复制运营体系

经营一家店、一个终端有可能成功，但成功复制一家店则是另外一件事。以餐饮业为例，当你成功运作一家店之后，你要认真思考究竟为什么做得这么好，是由于厨师手艺、管理、位置、配方、营销、服务还是你的团队领导力等因素。因为有的因素是容易复制的，比如产品、配方等；而有些因素却很难复制，比如厨师手艺、领导力等。

1. 标准化改造。要把不可复制的关键部分标准化，而后再考虑扩张。比如，你要梳理优化连锁的股份机制、管理机制，能让你的团队更有活力；注意管理人员的培养，他们是店面能否复制成功的关键节点。其实，服务行业人工交付成本很高，要想做大不容易，但也很难被取代掉，且能保证一定的利润，所以现在转型做餐饮等服务类生意的人越来越多，这也是此类项目扩张的红利期。

关于标准化，有几个误解。

（1）标准化不是复杂化。有人认为标准化就是写一堆资料，这偏离了标准化的初衷。海尔一直是中国家电行业标准的引领者，也是参与国际标准工作的领军企业之一。但是，在海尔集团首席执行官张瑞敏在上任之初，发布的十三个规定中有一条是“海尔员工不准在车间里随地大小便。”。

（2）标准化不是虚拟化。标准化要解决企业经营效率的实际问题，而不是阳春白雪。万达管控之严细，每个员工都深有体会。万达用了两年的时间，动员集团全部资源，在 ERP 系统上将万达商业地产庞杂的流程梳理成 327 个节点。只要王健林拍板决定做某个项目，系统就会对应给出成本、商家构成，何

时开始设计、何时进场、何时装修。正是这种标准化，才带来规模化生产的可能性。

（3）标准化否定个性化。“标准化”和“个性化”似乎是天生的一对矛盾体。前者刻板严谨、循规蹈矩，而后者却我行我素、标新立异。以红领西服为例，通过“三点一线量体法”可以实现定制西服的标准化数据采集和生产，并借用云计算的 MapReduce 技术阐述了大规模定制供应链的构建步骤。将复杂的需求逐层进行分解，直到分解成一个个可以标准化的零部件或者是标准化的工作流程；然后是“合并升维”，根据用户的需求选择不同的标准化零部件或者标准化的工作流程进行合并，以实现多样化的定制需求。这种思路不仅仅可以运用在服装行业上，在汽车行业、电子行业，甚至在农业、建筑业上都可以加以使用。

（4）标准化不是平庸化。标准化的根本目标是高效化，而不是人为拉低标准、平庸化。在整个产业化的生态发展进程中，信息平台搭建、制造系统的柔性化、流程和服务的标准化、从原始数据的收集到大数据的运用等，为标准化与互联网结合提供了多重支持。关于个性化定制，产业界提出了很多概念，例如 C2B、C2M、反向定制、大规模定制等，以“标准化”实现“个性化”，搭建了一条优秀的个性化产品供应链，通过标准化来实现个性化，这是一条重要的通路。

2. 标准化的基本原理。

（1）简化原理。就是为了经济有效地满足需要，对标准化对象的结构、形式、规格或其他性能进行筛选提炼，剔除其中多余的、低效能的、可替换的环节，精炼并确定出满足全面需要所必需的高效能的环节，保持整体构成精简合理，使之功能效率最高。简化原理包含以下几个要点：

①简化的目的是为了经济，使之更有效地满足需要。

②简化的原则是从全面满足需要出发，保持整体构成精简合理，使企业运营模式的功能效率最高。所谓功能效率，指功能满足全面需要的能力。

③简化的基本方法是对处于自然状态的对象进行科学的筛选提炼，剔除其中多余的、低效能的、可替换的环节，精练出高效能的能满足全面需要所必需的环节。

④简化的实质不是简单化而是精练化，其结果不是以少替多，而是以少胜多。

（2）协调原理。就是为了使标准的整体功能达到最佳，并产生实际效果，必须通过有效的方式协调好系统内外相关因素之间的关系，确定为建立和保持相互一致，适应或平衡关系所必须具备的条件。协调原理包含以下要点：

①协调的目的在于使标准系统的整体功能达到最佳并产生实际效果。

②协调对象是系统内相关因素的关系以及系统与外部相关因素的关系。

③相关因素之间需要建立相互一致关系（连接尺寸），相互适应关系（供需交换条件），相互平衡关系（技术经济招标平衡，有关各方利益矛盾的平衡）。

④协调的有效方式有：有关各方面的协商一致，多因素的综合效果最优化，多因素矛盾的综合平衡等。

（3）统一原理。就是为了保证事物发展所必需的秩序和效率，确定适合于一定时期和一定条件的一致规范，并使这种一致规范与被取代的对象在功能上达到等效。统一原理包含以下要点：

①统一是为了确定一组对象的一致规范，其目的是保证事物必需的秩序和效率。

②统一的原则是功能等效，从一组对象中选择确定一致规范，应能包含被取代对象所具备的必要功能。

③统一是相对的，确定的一致规范只适用于一定时期和一定条件，随着时间的推移和条件的改变，旧的统一就要由新的统一所代替。

（4）最优化原理。按照特定的目标，在一定的限制条件下，对标准系统的构成因素及其关系进行选择、设计或调整，使之达到最理想的效果，这样的标准化原理称为最优化原理。

三、一套适合招商加盟的运营机制

以终端门店招商为例，位置选址策略、投入资金预算、开业前期的活动方案、服务人员的培训、考核及激励、产品的定价体系设计等，要有一整套的机制，而且整个流程设计好后，要有专门的管理人员负责运营监管。如果没有一套行之有效的管理方法、经营理念和服务体系，很难保证新店的成功率，当然，也很难说服加盟商。这一方面，有很多可以借鉴的案例，例如沃尔玛、家乐福、链家、21 世纪不动产、百果园、老乡鸡等。中国连锁经营协会每年都有很多的活动，各位企业家可以参与交流。

项目运营的复制也是一样的道理，立项前的调研、项目立项时的程序、立项运行的运营监管、项目内容的调整、项目结尾的总结等，都应有良好的机制体系。

四、竞争体系设计

竞争是商业运营永远要面对的问题，在复制时要重点关注。“稳大、控小、拔点”“让看得见跑火的人指挥战争”“倒金字塔体系”等，均说明机动、灵活的终端体系的重要性。在复制终端时，不应盲目乐观，而是要保持谨慎，在优先保证每一个终端成功的前提下保证整体的成功。

（一）连锁经营的制度优势

在流通领域，连锁经营将分散的零售网点组织起来，形成具有足够规模的企业。科学的制度安排，有利于降低交易费用，能使连锁企业与上游企业及下游顾客形成长期的信任合作关系，有利于连锁企业获得良好的发展。不同类型的连锁经营有着不同的制度安排，体现着各自不同的制度优势。

1. 直营连锁的制度优势。

（1）规模优势。在直营连锁的经营方式下，总部对同属于某个资本的多个店铺实行高度统一的经营，总部对各店铺拥有全部所有权和经营权，包括对人、财、物及商流、物流、信息流等方面实行统一管理。这种制度安排有利于集中力量办事，可以统一资金调运，统一人事管理，统一经营战略，统一采购、计划、广告等业务以及统一开发和运用整体性事业，以大规模的资本力同金融界、生产部门打交道；在培养和使用人才、运用新技术和开发推广产品、实现信息和管理的现代化等方面，也可充分发挥连锁经营的规模优势。

（2）经济优势。功能集中化体现了直营连锁的经营经济优势。如利用总部统一集中大批量进货，容易开发稳定的供货渠道和获得折扣，以达到减少管理费用、降低经营成本、以较低价格出售商品的目的，而这是独立零售店所不具备的优势。

（3）技术优势。在各个零售连锁店工作的从业人员，虽然人数少且不一定都很专业，但因有总部的 Know-how 直接指导和援助，仍然可使连锁店获得预期成果。

2. 特许连锁的制度优势。特许经营的核心是特许权转让，总部与加盟店一对一地签订特许合同，总部在教加盟店完成事业所必需的所有信息、知识技术的同时，还要将店名、商号、商标、服务标记等在一定区域内的垄断使用权授予加盟店，并允许其在开店后继续经营。所以，特许经营的制度优势主要表现在其对连锁体系中经营者（盟主）、加盟者、消费者三方的好处上。

（1）特许连锁经营对盟主的好处。

第一，盟主既节省了资金，也获得了扩大市场的机会，能够提高其知名度，加速连锁事业的发展。

第二，盟主开展新业务时，有合伙人共同分担商业风险，能够大大降低经营风险。

第三，加盟店是盟主稳定的商品流通渠道，有利于巩固和扩大商品销售网络。

第四，盟主可根据加盟店的营业状况、总部体制和环境条件的变化调整加盟店数量和布局策略，掌握连锁经营的主动权。

第五，统一加盟店的店面设计、店员服装、商品陈列等，能够形成强大而有魅力的统一形象，有助于塑造企业品牌。

（2）特许连锁经营对加盟店的好处。

第一，没有经验的创业者也能经营商店，可以减少失败的可能性。

第二，能借用连锁总部的促销策略。

第三，用较少的资本就能开展创业活动。

第四，能进行高效率的经营，能够受到总店的参谋指导，可以持续地扩大和发展事业。

第五，能稳定地销售物美价廉的商品，并能够专心致力于销售活动。

第六，能够适应市场变化。

（3）特许连锁经营对消费者的好处。

第一，标准化的经营使消费者在任何一个加盟店都能享受到标准化的优质商品和服务。

第二，加盟店通过扩大规模、简化环节，降低了销售费用，使消费者能享受到物美价廉的商品和服务。

3. 自由连锁的制度优势。自由连锁是在保留单个资本的所有权的基础上实行的联合，各分店都独立核算、自负盈亏、人事独立，总部对各分店的管理功能较弱，侧重于指导和服务功能。自由连锁的优势体现在以下四个方面。

（1）灵活性。在自由连锁的经营方式下，各分店有较大的独立性，因此灵活度较高，能充分调动经营者的积极性，迅速跟踪市场行情作出及时有效的调整。

（2）学习性。自由连锁各分店具有横向联系，有利于相互学习、共同发展。

（3）流通性。自由连锁将两个以上流通环节的职能互相结合，能够实现流通的“纵向组合”并发挥出更高的效能。例如，自由连锁可以在批发和零售职能相结合的基础上，引入设计、加工的职能，从而提高商品的附加值。

（4）获利性。自由连锁总部是由加盟店集资组成的，所以加盟店可以得到总部利润中作为战略性投资的、持续性的利润返还。

（二）连锁经营的效益优势

连锁经营之所以能取得良好的经济效益，最根本的原因在于把现代化工业大生产的原理应用于零售业，实现了商业活动的标准化、专业化和统一化。这也构成了连锁经营产生规模效益的重要基础。一方面，先进的营销技术可以在众多的店铺大规模推广，从而获得技术共享效益；另一方面，投资的成本和风险又可以在众多的店铺得到均摊，从而可以降低商品的成本。连锁经营的效益优势体现在：

1. 经营技术开发的专业化，有利于店铺经营水平的提高。在连锁体系内部都有总部和店铺两个层次。总部的重要职责之一就是研究企业的经营技巧，包括货架的摆放、商品的陈列、店容店貌的设计、经营品种的调整等，直接用于指导店铺的经营，这就使店铺摆脱了传统零售业那种靠经验操作的模式，转而向科学要效益。连锁总部统一开发的经营技巧可以广泛应用于各个店铺，使各店铺的经营水平普遍提高，从而获得技术共享效益（相对其他企业来说是一种超额利润），同时分摊技术开发的成本。这是单个企业无法做到的。

2. 标准化的经营，有利于改善服务、扩大销售。在商业连锁经营方式中，商店的开发、设计及标准化的设备、陈列、产品、操作程序、技术管理、广告设计等，都集中在总部。总部负责连锁店的选址及开办前的培训工作，提供全套的商业服务方案，并始终不断地对各连锁店进行监督、指导、交流和培训工作，从而保证了各连锁店在产品、服务、店名店貌等方面的统一性，以满足消费者对标准化的产品和服务质量的要求，达到吸引顾客，扩大销售的目的。标准化的经营对树立店铺的形象更是意义重大。

3. 物流中心承担了部分批发职能，使批发环节的部分利润由社会转到了企业内部。零售环节的利润很大程度上取决于商品所经过的流通环节数量。一般而言，流通环节越少，商业流通费用越低，零售环节所能获得的销售利润也就越多。

连锁企业一般都设有物流中心，专门为店铺进行商品配送。这些商品一部分直接从工厂进货，减少了流通环节；同时还有一部分商品从供应商处取得时是原材料或半成品，需要物流中心进行加工、包装、分类等装配作业，增加了商品的附加值，从而将一部分利润转移过来。

4. 集中化的经营与管理，有利于降低企业的经营成本。连锁经营的同业性，使各个店铺的一些共同性活动，如采购、储运、广告宣传、会计核算等，可以集中起来由总部统一操作。这样，众多的店铺共享一套经营设施，共享一套管理机构，各个店铺无须设置烦琐的管理机构，无须配备相应的管理人员。这样做的好处有两个：其一，从总体上降低了企业的管理成本；其二，集中操作所带来的经营成本的降低也是显而易见的。如进货，由于有多个店铺，创造了大量销售的条件，所以总部可以通过大批量采购，从厂家获得较低的价格即批发价格。又如，由于有总部送货，各个店铺需要的库存面积及库存量都很小，从而可以扩大销售面积，减少资金占用。

5. 连锁经营有利于减少商业投资风险。连锁企业经营多个店铺，即使个别店铺经营失败也不会影响整体的经济效益，因为某一决策的失误所造成的损失可以由许多店铺共同分摊，这样大大降低了商业投资的风险。对于购买特许经营权的被特许人而言，加盟一个特许连锁店，可以利用一个已得到实践检验的成功的商业交易方式，获得特许人的指导和帮忙，比单独开店的成功概率提高了很多，大大减少了行业新人面临的各种风险。难怪有人说，特许经营是进入商界的“安全通道”。

6. 连锁经营有利于提高零售商业的地位，有利于指导生产，组织适销对路的商品。连锁经营店自产生和发展以来，对生产领域的促进作用日益增强，一是连锁店联合起来大批量购买，使生产过程的便利性得到保证，生产厂商减少了生产费用。二是连锁店一头连着消费者，另一头连着厂家，能更及时地向厂家反馈消费者的信息，指导厂家生产适销对路的商品。同时，连锁店还给厂家提供了在广大地域内迅速、经济地试验新产品的零售实验室。三是连锁店的形成增加了社会产品的总量。因为零售费用的降低相对扩大了消费者的购买力，购买力的增加反过来刺激了生产的发展，也增加了商店的销售额。

除此之外，连锁经营网点多、辐射范围广、市场占有率高，能够迅速大规模地集中资金，实现投资的灵活转移，取得市场机会效益等，这些都是连锁经营取得良好经济效益的重要原因。

（三）连锁经营的竞争优势

连锁经营解决了大批量销售与消费者分散需求之间的矛盾，被称为零售业的第三次革命。连锁经营通过标准化、简单化、专业化原则提高经营效率，实现规模效益，有着其他零售组织形式无法比拟的竞争优势。

1. 容易快速聚集资本，有利于抓住稍纵即逝的市场机会。连锁经营方式，特别是加盟连锁方式，能把众多单个资本迅速集中起来，形成整体力量，在同样的竞争条件下，可以及时抓住市场机会，进行投资、进货、研发新产品，给企业带来良好的经济收益和发展机会。

2. 组织化程度高，增强了市场竞争能力。连锁经营是流通中一种组织化程度较高的集生产加工、零售、批发为一体的组织形式。它组织环节少，调节灵敏，反应迅速；它通过连锁体系的销售网络和销售渠道与消费者相联系，能快速准确地了解和掌握市场信息，迅速将生产厂家的产品推向市场，扩大自身的市场占有率，增强自己的市场竞争能力。

3. 经营费用低。连锁经营总部统一采购，进货量庞大，能够最大限度地获得价格折扣和其他优惠。连锁经营一般不经过批发商而直接从供应商（厂家）进货，降低了购货成本和运输费用；采取总部统一存货管理，采用物流配送中心的组织形式，较之单店可以节约很多仓储费用；在广告宣传方面，由连锁总部统筹负责，既体现了整体的宣传效果，又节省了广告费用。此外，连锁经营标准化、模式化的操作和店铺形式，提高了连锁经营管理的效率，使管理成本降低。

4. 产品销售能力强。由于连锁店中的商品或服务较其他商业模式的机构更具价格优势，而且集中采购又使商品的品质有保证，对顾客有很强的吸引力。连锁店铺位置分散、运输方便、配送快捷，而且多个分散的连锁单店构成一个有序的服务网络，能从售前、售中、售后给消费者提供快捷优质的服务，具有服务优势。这些都使连锁店具有强大的销售能力。

5. 实现规模经济。连锁经营的出现解决了大规模销售与单个中小零售商要求维持其经营独立性之间的矛盾，使得连锁总部和连锁分店都能享有规模经济带来的经济利益，同时对连锁分店的独立经营又不构成威胁。正因为连锁经营有上述优势存在，才使连锁经营有较强的竞争能力，具有巨大的发展前景，才使连锁经营在全球经久不衰。

（四）连锁经营的风险

1. 连锁体系的整体性风险。还记得曹操把很多船只“连锁”在一起征战的历史故事吗？船只“连锁”后发挥出“平稳”的优势，同时也隐藏着劣势——当孙权、刘备用“火”攻来破曹时，曹操把很多船只“连锁”的劣势表现得淋漓尽致。

连锁企业一样，它的劣势同样隐藏在它的优势中，这就是连锁体系的整体性风险。即使是世界超级连锁品牌，也难以避免和防范这种整体性风险。从2003年亚洲爆发大规模禽流感以来，以鸡为主打食品的肯德基亚洲连锁体系遭遇打击，年营业额下降高达20%。2005年，肯德基又遇到了“苏丹红1号”危机，一个小小佐料中的隐患却让一个庞大的快餐连锁王国遭遇了短时间的重创。

2. 总部对连锁体系的管控风险。整个连锁体系是原创店的复制和放大，是总部管理能力的放大和输出。如果原创店和总部做不好，整个连锁体系中的绝大部分店面也做不好；如果原创店做得好，不一定整个连锁体系中的每一家店面也能做得好，但是如果原创店做得好，同时总部管得好，整个连锁体系中的绝大部分店面也容易做好。

3. 市场需求变化带来的风险。市场变化莫测，消费者的需求呈现多层次、多样化的趋势，连锁经营者面对的是不确定因素增加和更加激烈的市场竞争。连锁企业是卖产品或者服务的，当市场上不再需求某一类产品或者某一类服务时，连锁企业需要尽早感知市场需求的变化，以变化来应对变化，从而保证连锁网络的有效性。

下　篇

农业企业的财金管理转型实务

第三章　农业企业的财务战略

你的企业有财务战略吗？

一讲起企业战略，很多教科书上讲的是“横向一体化”“纵向一体化”“集中差异化”等，不少企业负责人也习惯于以此为出发点思考问题。另一方面，一些农业企业家打小听着《三国演义》《三十六计》《孙子兵法》等故事长大，热衷于街谈巷议，想当然地以为自己理解“战略”。有一些媒体也在说“不关心战略的员工不是好员工”，但是，又有多少人真正认真地思考过“战略是什么”？

《孙子兵法》开篇讲到：“兵者，国之大事，死生之地，存亡之道，不可不察也”。

明茨伯格认为战略即计划（Plan）、计谋（Ploy）、模式（Pattern）、定位（Position）与观念（Perspective）。

李天和（美国）认为企业战略具有简单、易懂、影响巨大三个显著特征。“简单”是指如果你不能在五分钟之内描述出你的战略是什么，你就根本不知道自己的战略是什么；“易懂”是指你的战略应该是清晰明白的；战略的影响是巨大的、深远的和不可预测的。

事实上，很多财金战略的实施无异于光天化日下的打劫，但人们却不以为然。一些人沉迷于“以和为贵”“和气生财”，对商业竞争心存幻想。一些人沉迷于对金融工具的任用，对商业保理、融资租赁、供应链金融、信托、基金、期货等如数家珍，却对自己未来的战略全无计划。农业企业财金管理的趋势已经发生了很多变化，一些农业企业还处在纠结做账还是不做账、做几套账的初级阶段。

农业行业内一些人说“农业企业生于营销，死于管理”，尤其是财金管理。事实上，很多人对财金问题都没有仔细想过，或是自己一知半解，就说农业财金管理是个伪命题，这些都是值得商榷的。

工具仅仅是工具，革新观念，通过提升财金管理和投资管理能力，加强融资能力建设，从战略高度活学活用这些金融工具才是“王道”。财金手段是商业竞争的高级阶段，是实现企业做大做强的不二选择。

第一节　农业企业财金战略的类型

一、按照职能战略类型分为：募投管分

1. 筹资战略：筹资战略是涉及企业重大筹资方向的战略性筹划。企业首

次发行股票、增资发行股票、发行大笔债券、与银行建立长期合作关系等战略性筹划，属于筹资战略问题。

2. 投资战略：投资战略是涉及企业长期投资、重大投资方向的战略性筹划。企业重大的投资行业、投资企业、投资项目等筹划，属于投资战略问题。

3. 营运管理战略：营运战略是涉及企业营运资本的战略性筹划。企业重大的营运资本策略、与重要的供应商和客户建立长期商业信用关系等战略性筹划，属于营运管理战略问题。

4. 股利分配战略：股利战略是涉及企业长期、重大分配方向的战略性筹划。企业重大的留用利润方案、股利政策的长期安排等战略性筹划，属于股利战略问题。

二、按照战略态势类型分为：进稳守撤

1. 进攻型财务战略：进攻型财务战略一般表现为长期内迅速扩大投资规模，全部或大部分保留利润，大量筹措外部资本。

2. 稳健型财务战略：稳健型财务战略一般表现为长期内稳定增长的投资规模，保留部分利润，内部留利与外部筹资相结合。

3. 防守型财务战略：防守型财务战略一般表现为保持现有投资规模和投资收益水平，保持或适当调整现有资产负债率和资本结构水平，维持现行的股利政策。

4. 撤退型财务战略：撤退型财务战略一般表现为维持或缩小现有投资规模，分发大量股利，减少对外筹资，甚至通过偿债和股份回购归还投资。

三、按照企业生命周期类型分为：创成熟退

1. 创业期财务战略：在企业初创期，大多数公司认为经营风险比财务风险更重要。因此，从总体上看，创业期企业的财务战略安排应是关注经营风险，尽量降低财务风险。

2. 成长期财务战略：从筹资策略看，要注意资产负债率，保证企业的偿债能力。从投资策略看，企业成长期适宜采取一体化投资战略。财金管理的重点在于形成体系。

3. 成熟期农业企业：从筹资战略看，企业成熟期可采取积极的筹资战略。从投资战略看，此时企业的产品在技术上已经完全成熟，得到社会的广泛认可，继续发展的机会较小，这时可以采用多元化投资战略，开发其他产品。从股利分配策略看，成熟期的企业盈利较多，现金流量充足，可考虑高股利支付比例的现金股利政策。

4. 衰退期农业企业：要把财金管理作为重点，在筹资和投资方面均慎重，

有序撤退。

第二节　农业企业财金战略三个切入点

一、从思想和战略上重视财务、金融管理

整个企业从根本上重视财金管理，而不是仅仅在口头上重视。从人才引进到制度建议，从预算管理、内审与反假账、内控管理、补贴管理、税收筹划到财务尽调等，落到实处。

二、研究行业、研究自己、研究对手

行业财金管理的现状如何？自己最擅长和最应掌握的财金管理工具是什么？竞争对手的财金管理能力如何？均是值得好好研究的内容。

三、做好自己、赢得竞争、运营行业

万丈高楼从地起，赢得竞争的第一步是打好基础。结合先进的业财融合理念，从基本的财务规范做起，培育优秀的财经人才。

先胜而后求战，为赢得竞争创造各种条件，面对竞争主动把握机会。

不谋全局者不足以谋一域，站在行业的高点理解财金，才能有更全面和准确的决策。

第三节　农业企业财金战略的理念

一、面对现实，面向未来

账做得不好甚至没有账，这就是很多企业的现实，但这不代表未来。每一个农业企业，无论你是大企业还是小企业，在面对时代的变化时，都一样可能会心存迷惑。面对现实，认真研究行业、研究对手、研究客户，做最好的自己。面向未来，切实革新观念、打好基础，使战略落地，争取最好的结果。

二、中西结合，业财融合

西方经济学中的战略管理，强调战略设计、战略实施和战略评估，这是非常值得学习和借鉴的，在农业企业的政策研究、行业尽调、财务分析、内部审计等之中均有运用。中国传统文化中充满了智慧，例如《孙子兵法》《三十六计》等，不停留在表面和在道听途说，认真研究自己和竞争对手的战略，必定会受益匪浅。

（一）声东击西实现转型升级

“声东击西”解语：“敌志乱萃，不虞。坤下兑上之象，利其不自主而取之。”古人按语：“然则声东击西之策，须视敌志乱否为定。乱，则胜；不毯，将自取败亡，险策也。”。

某地某类作物深加工机械制造厂一共有38家公司，该类产品同质化现象严重，多数企业盈利状况不好。当其他企业还在为做两套账还是一套账、是扩大产能还是转产纠结时，该企业率先进行财务规范，利用供应链金融等工具，对上下游资源进行整合，引入资本并扩大产能。然后，选择在该作物全流程核心机械上进行多次降价，并不断提升行业标准。同时，由于政府加大环保、土地、社保、税务等的检查，行业内30多家企业一时乱了手脚，最后纷纷转产或是被并购，该企业不断提升上游供应商及下游经销商的议价能力，其盈利能力得到了快速提升，得到资本市场的青睐。

（二）趁火打劫并购竞争对手

“趁火打劫”解语：“敌之害大，就势取利，刚决柔也。”古人按语：“敌害在内，则劫其地；敌害在外，则劫其民；内外交害，败劫其国。”

某企业在某类产品中处于领先地位，但该类产品处于下行趋势，中小同类企业市场不断下降。此时，行业龙头企业A看上了生产此类产品的一家中型企业B，首先在市场上针对企业B的目标市场客户实施降价竞争，打乱了企业B的市场策略。不断恶化的市场引起企业B内部主要股东的纠纷，A企业与B企业各个股东进行谈判，利用B企业股东间的纠纷，最终以较满意的价格收购了B企业。

（三）上屋抽梯打击竞争对手

“上屋抽梯”解语：“假之以便，唆之使前，断其援应，陷之死地。”古人按语：“唆者，利使之也。利使之而不先为之便，或犹且不行。故抽梯之局，须先置梯，或示之梯。”

2008年初，美国某大企业M受环保、专利等方面的限制，将某农药C的产能大量减少，一时C原药由2.1万元/吨左右上涨到10万元/吨左右。中国企业听此信息，纷纷上马C产品项目、扩展C产品产能，其间，也有些企业挣到一些利润。到了2008年底，M企业又宣布在他国恢复C产品原有产能并大举扩张，中国市场C产品价格急速下跌，许多C产品生产企业损失惨重。M企业在C产品的终端制剂市场一直保有市场优势，反过来从中国企业采购C产品原药。

在中国2000多个县里，有N多个“一县一产”“一县一特”。在农业行业的60多个子门类中，有N多细分行业龙头企业。从“企业家”到“产业家”，竞争的目的是消灭竞争，在不违反《反不正当竞争法》等法律法规的前提下，这里面有很多文章可做。

现代企业的经营都是从产品经营到资本运作，最后走向并购重组的。财金战略是企业绕不开的内容。

从农业企业经营的战略层面考虑财金管理，必将为农业企业的发展带来不一样的结果。这完全不同于搞点发票冲冲费用、做个两套账对付一下检查、指望关系搞点补贴指标等，也不是听个50元的股权课、找个代账会计、四处做资本路演就能解决的。

一个目标：农业财金战略的落脚点——战略制胜。

如果你能够通过订单收购一个村里60%的某农产品。

如果你能够通过技术升级实现某一产品的最低成本。

如果你能够产能扩张建立壁垒掌握某产品的定价权。

如果你能够通过资本运营掌控区域某农产品的供应链。

……

竞争对手之间的所谓共赢，不过是没有必要或没有能力打败对手而暂时存在的状态而已。产业链之间的共赢，不过是博弈之后的互惠选择。

所有的竞争最终会落实到战略上，参与竞争的最好方法是消灭竞争，财金战略的最终落脚点就是形成壁垒，在合法前提下实现相对垄断。

第四章　农业企业的预算管理

第一节　财务预算与战略

不计划成功，就是在计划失败。

一些农业企业不重视预算管理，认为情况多变，这是多此一举。事实上，进行预算管理是一个企业自上而下统一思想、贯彻战略的重要方法，也是进行企业经营控制、绩效考核的重要工具。预算是企业在预测、决策的基础上，以数量和金额的形式反映企业未来一定时期内经营、投资、财务等活动的具体计划，是为实现企业目标而对各种资源和企业活动的详细安排，预算编制方法如图 4－1 所示。

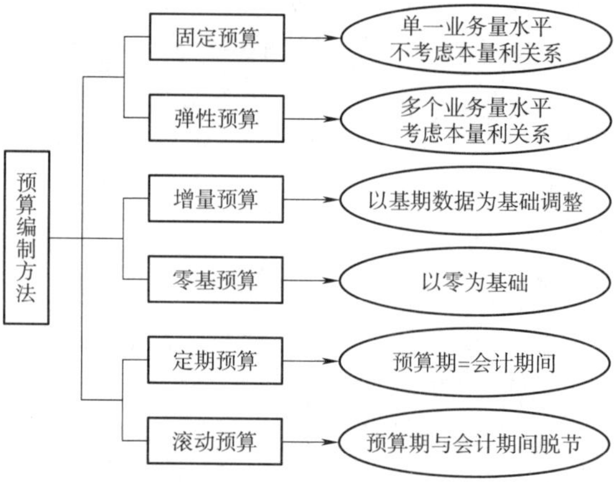

图 4－1　预算编制方法

一直以来，不少财务人员一说起预算就想到教材中讲到的一堆公式和图表，一做起来就是先从销售开始。笔者认为，这有一些教条主义。农业企业的经营具有周期性、波动性、不确定性等三个特点，而“互联网＋农业”以及供应链金融、融资租赁等工具的加入，为预算注入了新的内涵。

预算，首先要考虑企业所处的阶段，然后考虑企业所采取的战略，再结合相关的重点业务制定财务预算。

（一）创成熟退

1. 在创业阶段，可以销售收入增长率和总资产增长率为主要预算指标。因此，客户数量、现金余额、专利权估值等要重点关注。

2. 在成长阶段，可以销售收入增长率和净资产收益率为主要预算指标。因此，客户数量、销售增长额、分支机构数量等可重点关注。

3. 在成熟阶段，可以应收账款回收率和资产负债率为主要预算指标。

4. 在衰退阶段，可以偿债率为预算核心。

（二）进稳守撤

1. 在进攻战略中，预算的关键可以是市场占有率、单位成本等，以形成壁垒。

2. 在稳定战略中，预算的关键可以是相对比例等，例如头一年的应收账款回收率和收入总额。

3. 在防守战略中，预算的关键可以是资产负债率和流动比例等。

4. 在撤退战略中，预算的关键可以是退出收益和成本。

（三）募投管分

1. 在募集业务中，预算的关键可以是融资总额及利率或股利率。

2. 在投资业务中，预算的关键可以是净资产收益率。

3. 在管理业务中，根据成本中心、利润中心和投资中心，预算的关键分别可以是单位成本和总成本，毛利率、营业利润和净利润，净资产收益率等。

4. 在分配业务中，预算的关键可以是提成比例、利润留存率和股利率。

（四）举例分析

1. 如果企业现在处于创业期，采取进攻战略，此时的战略关键是获客数量，这个时候，使用免费模式并带动跨行业收入，这其中涉及管理和分配业务。那么，预算管理的重点可以是获客单位成本和提成额度，一些互联网公司的点击量、阅读量以及广告收入的提成额度等，均可成为管理的重点；在一些农产品销售公司中，免费产品的投入效果、各产品的复购率和转介绍率等可以成为预算管理的重点。

2. 如果在创业期采取防守战略，此时资产负债率和流动比例一样会成为关键，要考虑募、投、管、分的各个内容，比如募资总额、利率，当年的利率、营业利润和净利润、流动比例、净资产收益率等，根据计划进行重点预算。

3. 如果企业处于成长期，采取进攻战略。如果是复制方式，此时的战略关键可以是复制数量，这个时候，企业开始发展分店、分部等，预算管理的重点可以是分店、分部等数量和净资产收益率等。如果是处于成长期的农资公司，当年的新产品、新渠道的销售总额以及老产品的销售增长率就可能会成为预算对象。

4. 如果企业处于成熟期，采取稳定战略，此时进行融资业务，则融资总额及利率或股利率等成为预算的重点。对比前一年的利率等，提出当年的计划，方便执行人员提前行动。不提出目标，就没有方向，不进行计划，就容易乱了阵脚。稳定，不代表没有变化。

5. 如果企业处于成熟期，采取防守战略，此时，对自己的资产负债率要重点关注。一些企业经营多年之后，存货出现减值、应收账款坏账、应付账款纠纷、其他应收应付理不清等，此时，预算管理应以实实在在的资产负债率、流动比例作为重点。

6. 如果企业处于衰退期，此时以最好的价格退出可能是企业要重点考虑的内容。那么预算时，是“明修栈道，暗度陈仓”还是“三十六计走为上”等，结果可能不一样。

预算，本质上就是建立目标体系，并根据目标体系进行量化。根据经营模式和目标的不同，预算管理又可以分为多种。

（1）基于公司战略的预算：募投管分、进稳守撤、创成熟退。

（2）基于供应渠道控制率的预算：控制上游资源。

（3）基于产品控制率的预算：控制销售渠道。

（4）基于资本支出的预算：关注项目投资收益。

（5）基于现金流量的预算：收付实现制。

（6）基于平衡计分卡的预算：财务、客户、内部运营、学习与成长。

（7）基于经济增加值的预算：企业价值最大化。

（8）基于风险化解的预算：风险分散、风险对冲、风险转移、风险规避、风险补偿、风险分散等。

（9）基于人力资源的预算：团队核算。

（10）基于成本控制的预算：成本控制。

（11）基于利润总额的预算：利润目标。

（12）基于销售收入的预算：收入目标。

第二节　财务预算的要点

我们认为，日常预算管理的关键在于把握企业生存与发展的底线和顶点，这一点与弹性预算的本量利分析并无密切关联。由于农业行业的周期并不一定与会计期间相同，预算的调整要考量的不仅仅是一个会计周期，以生长或经营周期为预算周期又有何不可？由于农业行业的波动性和不确定性，以销售收入的实现作为第一预算要素本身就没有多大价值，所以，笔者认为预算管理的出发点是公司战略，因此，预算管理的第一要务是生存，第二要务是战略发展，第三要务是制胜未来。

一、预算管理的要务

（一）固定支出保生存

农业企业为什么出现财务困境与破产？

是因为债务？

是因为诉讼？

是因为意外损失？

……

都不完全正确。

如果有偿债能力，多大的债务、诉讼、意外损失等都没问题。

企业生存的底线是什么？

是足够的现金流？

是足够的客户？

是足够的产能？

……

我们认为是足以覆盖固定支出的现金流和应对风险的预防性支出，从企业生存和发展的角度来讲，以上两者都应该是固定成本。

（二）战略方向求发展

一个在细节上做得再成功的企业，如果战略目标没有实现，也只能算是个职业工匠。战略的一个重要内容就是取与舍的选择，任何企业想要做得面面俱到都是不切实际的，把握关键产品、关键区域、关键项目等，这就成为预算的关键所在。

（三）试点项目谋未来

试点项目不一定现在有效，却是谋划未来的关键。经营有风险，凡事预则胜。一个预算中没有对试点项目的重视，是不全面的。简言之：

固定成本——保生存。关注周期、预防损失、确保生存等。

战略方向——求发展。关键产品、关键区域、关键项目等。

试点项目——谋未来。失败原因、成功要素、成果转化等。

可以对以上观点进行简单的论证、思考。比如非洲猪瘟期间，销售必然是受影响的，这种情况下，企业难道还要以利润为第一目标？

处于台风或是干旱可能发生的区域，就不能不考虑预防性支出。为什么此时预算不是以生存为预算重点？如果企业准备充分，为什么不能利用风险进行产能扩张或目标并购？

充分理解农业行业的特殊性，充分利用农业行业的特殊性，是做好农业企业预算的关键。

二、预算的顶点

农业企业赢利的顶点在哪里？

是销售收入总额？

是供应商的供应能力？

是企业的生产能力？

……

笔者认为是自有产能与可控制供货能力的合计。

有人说，我从来就没有为自己设立过赢利的顶点，上不封顶。其实，这是不切实际的，对自有产能和可控制供货能力的建设本身就应该是预算管理的对象。所谓上不封顶，不过是自我想象，是经不起推敲的。在农业行业，也经常出现供不应求的现象。比如在瘟疫出现的时候，那些有着稳定供货能力的企业就能胜出，而可控制供货能力也不是一天能建成的。

笔者建议，农业企业的预算要注意以下三点。

（一）做两项预算

一是固定支出与风险防范预算，由董事会一级掌握。二是战略预算，由全员掌握。

（二）预算的起点是战略

战略的重点或是产能，或是收入，或是重要物资等，因此，预算的起点和重点相应调整。

（三）预算中加入非财务要素

可以习惯性地以表格收入为起点，但应做行为数据的规划及文字表述等。非财务数据管理主要有 4 个方面。

1. 销售漏斗：2 倍在手合同。假设一年收入计划是 1 000 万元，则应有计划 2 000 万元的合同作为保证。这项工作在经营周期启动前，就应系统地进行调研和规划，而不是停留在财务预算的数字上，还要继续分解到产品、区域、季节、渠道、科技驱动力、付现比、营销团队等要素上。

2. 生产控制：最低库存与最大生产能力。如果市场行情偏好，当期战略的重点是做好商品库存，那么，最低库存与最大生产能力的建设就是预算的重点。如果市场行情不好，则控制和消化库存就成为重点。营销人员固然可以发挥主观能动性，实现更多销售，但也要考虑到退货的可能。

3. 采购控制：供货量与付款周期。供应链管理是供应链金融的前提，如果供应端控制是公司的战略重点和起点，则资金的筹备和投放方向就在于此。

4. 研究控制：项目选择。研究费的预算也应基于公司战略，应建立备份项目库，研究项目如果不与公司战略配合，又有什么意义？

三、农业企业如何进行绩效考核

有人说“奖励什么就得到什么，处罚什么就能避免什么”，这一点在农业企业的经营中也适用。

（一）农业企业应当奖励什么人

1. 固定支出的护法。固定支出不等于固定成本，固定支出也包含期间费用、表外支出等。固定支出不是不可以变动，固定支出也可能随着业务和管理能力的发展变大或变小。固定支出是企业生存的底线，坚守底线的人应当受到奖励。

2. 战略突破的尖兵。战略方向的识别本身就需要企业负责人的判断力，战略方向的坚持与否更是事关企业经营的成败。企业的每一名管理者和员工都是企业的重要组成部分，但战略性突破具有不一样的意义。一个企业的成功不是某一个职能部门的成功，但对战略突破做出突出贡献的尖兵应给予特别的奖励，例如对重点科研项目攻关成功的人、对重点市场开拓成功的人、对产能扩展起到突出贡献的人等。那种人人都能得到的奖励并不被珍视，而与战略方向不相适宜的奖励也是值得商榷的。

3. 试点项目的功臣。看过史玉柱相关资料的人知道，当年史玉柱失败之时，就是靠着备份项目脑白金东山再起。在事关未来的谋划中，试点项目并不是可有可无的。

（二）农业企业经营中应当重点防止什么

1. 浪费资源。不仅仅是物资，时间、市场机会、重要客户等均可视为资源。

2. 战略失误。对企业战略缺少判断本身就不是什么好事情。出现战略性失误，总要有人承担责任，尤其是老板。

3. 试点无功。试点不是试试就算了，试点失败要找出失败的原因，为成功做准备。

第五章　农业企业内部审计与内部控制

第一节　概　　述

一、审计分类

（一）按照审计内容分类

审计主要分为传统审计、管理审计、合规财经法纪审计这三类。其中传统审计主要是指财务报表会计、财务、审计。管理审计主要是针对经营、绩效、业绩等问题来计划或者计划效果审计。合规财经法纪审计主要是指法律、法规、合同等审计。

（二）按照审计种类分类

审计主要分为政府国家审计、民间社会审计、内部审计三大类。政府国家审计主要包括政府财政收支审计、政府绩效审计、国有企业财务审计三大内容。民间社会审计主要是指非官方审计机构。内部审计主要指企业内部审计项目。

我国已出台的《内部审计准则》中明确规定："内部审计是指组织内部的一种独立客观的监督和评价活动，它通过审查和评价经营活动及内部控制的适当性、合法性和有效性来促进组织目标的实现"。内部审计是一种独立、客观的监督、控制保证与服务咨询活动，目的是提高企业运作效率，为企业增加价值，帮助企业实现目标。

二、农业企业内部审计的特点

（一）行业弱质

农业行业是国民经济基础行业，是较为弱质和国家补贴较多的行业。农业受自然的影响相对较大，财务作为现代管理制度对生物资产等的核算天然存在缺陷。内部审计要求的很多数据拿不到，使内部审计难以推行。

（二）意识淡薄

农业企业的负责人多数是从营销或是生产、技术岗位而来，很少见过有从财金岗位而来的。农业企业天然地有一种与财务的区隔，很多农业企业连财务人员都是兼职的，对于内部审计是什么更是不明白。

（三）人才匮乏

选择从事农业企业会计的人本来就不多，一些有经验的农业企业财务人员又不愿意去做内部审计这种得罪人的事，对审计有经验的人又对内审工作有一个再磨合的过程。

（四）对象特殊

有的农业企业的生产员工都是些乡亲，农业企业的库存管理也不严，感觉顺手拿点、带点也不是什么难为情的事。农业企业的营销人员多数远离城市，舟车劳顿，工作辛苦而工资又不高，因此以为顺带着做点别单位的业务也不为过。农业企业的供应方有可能是非常分散的农户，销售的对象是千千万万的零散消费者。

三、内部审计在农业企业经营管理中的作用却是不凡的

（一）推动公司战略的实施

内部审计一般直接向董事会负责，在董事会批准公司战略后，公司战略的实施需要长期和动态的监督与推动，内部审计可以胜任这一角色。

（二）提升公司经营的绩效

内部审计不同于外部审计，内部审计可根据公司战略要求，把绩效和风险作为关注对象。

（三）防范经营和财务风险

内部审计不同于日常财务记账或是财金管理，内部审计的一个重点工作是关注经营和财务风险。

（四）防范和减少各项损失

内部审计一个重点工作就是“防损止损”，对于农业企业来说，这是有必要的。

四、关于内部审计的几个观点

关于内部审计，有很多专业的书，业内人士也多有编著，笔者重点推荐甘德东著的《农业内部审计的那些事儿》。这里笔者想说一点不同的观点。

（一）农业企业的内部审计关注的领域可以更广、更高

内部审计可以审计安保体系的绩效、不同营销人员等。安保部门的绩效体现在安保效果上，例如财务室、实验室、果园的缺口处、监控视频的有效性抽查等。内部审计可以审计公司战略达成的情况。

（二）农业企业的内部审计应以指标、体系为核心

农业行业内有很多经验性工具，比如以绳子数量计山上树数、以电费估算加工大米数量等，这些在没有办法的情况下固然可用，但农业企业负责人及内

审人员应制定各种有效的核心指标作为内部审计的要点。例如果园管理的优品合格率、商品转化率、每亩成本、人均产出四项指标体系等；例如猪场的配种受胎率、配种分娩率、胎均总产仔数、均活产仔数、胎均断奶活仔数、出生活体个重、21 日龄个体重、7 周龄个体重、24 周龄个体重、断奶仔猪成活率、保育期成活率、育成期成活率、全期成活率十三个核心指标体系。

（三）农业企业的内部审计应进一步结合行业和企业特点

周期性、波动性和不确定性是农业企业经营的特点，农业生产的周期不是从 1 月 1 日到 12 月 31 日，从种到收、从养到售，有可能是从年中开始的，跨周期跟踪应得到重视，这是从单纯财务观念到综合绩效管理观念的转变。结合农产品特点、结合区域特点、结合职业特点、结合竞争特点等，是实现内部审计成效的关键。例如，鱼塘审计的一个关键点是在半夜清塘的时候，各地水稻下秧的日子不一样，营销人员出差时住的线路有规律，自身企业的广告营销水平弱而人员营销能力强等。

（四）农业企业的内部审计应结合新形势、新技术、新业态

内部审计并不是新事物，内部审计也不是做账，行业和企业的形势不断变化，应予以关注，比如新产品、新区域等。新技术的发展推动农业行业的发展，农业企业的内部审计要关注新技术，例如“大智移云”在农业行业的应用、在农业企业内部审计中的应用，供应链金融、融资租赁、对赌协议等，新业态不断涌现，内审人员应不断加强学习。

第二节　内部审计具体内容

一、生产与存货内部审计

农业企业的生产与存货如何进行内部审计？业务流程、风险评估和风险应对策略，这些都是基础。

（一）种植业案例

以某果园的内部审计为例，优品合格率、商品转化率、每亩成本、人均产出四个指标就可以作为重点。

1. 优品合格率。优品合格率指的是合格产品量与总产量的比值。该比例直观透明地体现农场管理水平的高低，可反映损耗情况。内部审计时，按照总量进行审计抽样，例如 10 000 棵树中抽查 100 棵树，计算此 100 棵树中优品合格率为多少。

2. 商品转化率。商品转化率即商品量与生产采收总量的比值。农场在满足自身需求之外，对外销售的部分就涉及商品化。这需要建立统一的分级标准，从播种、种植到采收，都要实现精细化、标准化管理，生产符合市场要求的产品。例如100棵树产果100千克，符合对外销售标准的有80千克，则商品转化率为80%。

3. 每亩成本。每亩成本即农业生产总投入金额与土地面积的比值，根据这个比例可以考察生产成本的管理绩效。例如每亩成本中包含的人工、种子、农药、化肥、水电机械等费用发生变化，可相应找出优化的方案。

4. 人均产出。人均产出即企业销售总额与员工人数之间的比例。人均产值的高低反映了企业生产最终的成果，一个果园优品合格率、商品转化率和每亩成本都控制得很好，最终总体人均产出不高，也是不成功的。

（二）养殖业案例

以某万头猪场的内部审计为例，料肉比是一个核心指标，但是料肉比受多种因素影响，核心指标如表5-1所示。

表5-1　生产技术指标

项　目	指　标
配种受胎率（%）	90
配种分娩率（%）	85
胎均总产仔数（头）	10.5～11.5
胎均活产仔数（头）	10
胎均断奶活仔数（头）	9.5
出生活体个重（千克）	1.2～1.4
21日龄个体重（千克）	6.0
7周龄个体重（千克）	15.0
24周龄个体重（千克）	93.0

这些指标均可以作为内部审计的关键指标，与技术人员一起进行跟踪。

（三）基建项目案例

大型农业企业建设的项目不少，比如养猪场下属的养殖场、饲料加工厂、屠宰厂、冷库、宿舍等，养殖场更涉及土地平整、道路建设、进水排污、通气通网等“五通一平”建设项目。

在进行内部审计时，不应仅仅限于财务审计中常见的固定资产“存在、完整、权利与义务、计价与分摊”审计，还应关注在建工程转固、发票是否取得等。至少还要关注以下内容。

1. 生产线产能的落实情况。在实际情况中，笔者多次见过可研报告仅为了融资而做，与实际情况差异很大，这些客观现状不应该是内审人员抱怨的重点。从可研报告、公司计划到实际情况，从实际情况、公司计划到可研报告，双向进行内部审计，要将公司战略中制定的产能落实情况作为工作重点。

2. 人员定岗定责。一个饲料厂满岗满员应该是多少人？各岗位的职责是什么？实际情况又是如何？这些要有个定论。

3. 供应及时。物资、电力供应等是否及时，有没有出现误工的情况？

4. 生产环境。一个有经验的内审人员，从走进工厂开始，就能发现内部审计线索，果树或猪场生产现场的组织、管理手册的规定等，每一个结节都可能与绩效和风险相关。

二、采购与付款内部审计

私营农业企业的采购负责人一般是家族成员，财务负责人一般也是亲戚，而营销负责人、生产负责人多为外聘。内审人员对采购进行审计，如果是亲戚审亲戚，则其效果大打折扣。

（一）采购凭证的内部审计

由于农业生产者销售自产农产品免增值税，有部分农产品收购企业利用该规定以及农产品收购发票管理上的不严谨，大肆虚开发票，导致农产品整个行业受到虚开发票问题的波及。近年来，关于农产品虚开发票犯罪重大案件屡见不鲜，所涉及的农产品种类众多，涵盖粮食、水果、鲜花、药用植物、水产品、畜牧产品等，引发了社会广泛关注。内审人员对采购凭证的审计必须从严，这其中的风险要重点关注。

（二）采购绩效与流程内部审计

（1）采购的职责要分开。

（2）采购的过程要合规，比如是否进行招投标。

（3）采购计划、采购预算、实际采购要得到良好的监督。

（4）公司对采购主要业务环节（采购预算、供应商的选择、合同的签订、请购与订单、货物验收、货物仓储、付款等）的管理、控制要完善。

（5）要对应付账款付现率进行控制，注意，产品价格周期的任用等。

三、销售与回款的内部审计

行业内有句话，说农业企业“生于营销，死于管理”。笔者作为多年的营销从业人员，虽然也是注册会计师，曾经也是这么认为的。营销人员在外拼博很不易，一个顺畅、宽松的内部沟通环境对于营销人员而言至关重要。但实际上，很多的营销单位的客户关系管理落后、营销资源浪费、营销绩效低下等情况也是客观存在的。那些认为农业企业“死于管理”的人，主要是两种人，一种是管理知识不全面的农业业内人士，另一种就是业外人士。

（一）对营销能力的内部审计

销售目标完成率、新产品销售增长率、人均销售额、应收账款回收率等是公司的经营目标，企业可根据实际情况设立核心指标。内部审计要做的工作不仅仅是关注收入的“发生、完整、准确、截止、分类”，还要对整个销售流程中关键点进行穿行测试，更为重要的是，在公司确定了核心指标后进行跟踪。

以销售目标完成率为例，前期分解到各营销人员、客户、产品、渠道、收现比例、月度、技术推动要素等的落实情况如何？内部审计有选择地进行审计，为公司决策提供依据。

（二）对营销组织的内部审计

不仅仅是营销任务的完成，客户关系管理档案的完善情况、营销新人的培养情况、营销团队的客户体系建立情况等，均有可能成为内部审计的对象。

以客户体系建立情况为例，年销售额超过 1 000 万元的客户有多少个、年销售额在 100 万～1 000 万元的客户有多少个，各省的客户有多少个、不同渠道的客户有多少个等，均可从年初的预算计划中找到依据。

例如果园营销管理。

1. 复购率。复购率，即重复购买的概率。现在的定义进一步把复购率扩展到把购买的产品推荐给其他人，而其他人又会再次推荐给身边的人。通过对复购率的跟踪内审，可以为管理人员提供管理提升决策依据。

2. 渠道利润率。某个渠道的销售总额与实际发生成本的差额为渠道利润额，这一差值与渠道销售总额的比值就是渠道利润率。渠道布局是否合理，渠道管理是否有效，渠道利润率是一个参考指标。

3. 单品利润率。单品销售额扣除单品成本之后占销售总额的比例就是单品利润率。内部审计时可以对单品利润率进行排名，与计划进行对比。

四、人员的内部审计

所有人和所有行为都有可能成为内部审计的对象。

1. 薪酬。不少农业企业存在现金支付工资的现象，是招工难、用工难，特别是临时性的工作，不得不用现金去吸引工人。如果临时工人比较多，又要发现金，就容易造成一些问题。果园、林场等地处偏远，减少现金交易、节点留痕、加强绩效评价等至为关键。

2. 组织结构。例如某万头猪场的定岗定责（图 5－1）。

岗位定编：猪场场长 1 人，生产线主管 1 人，配种妊娠舍组长 1 人，分娩保育舍组长 1 人，生长育成舍组长 1 人。

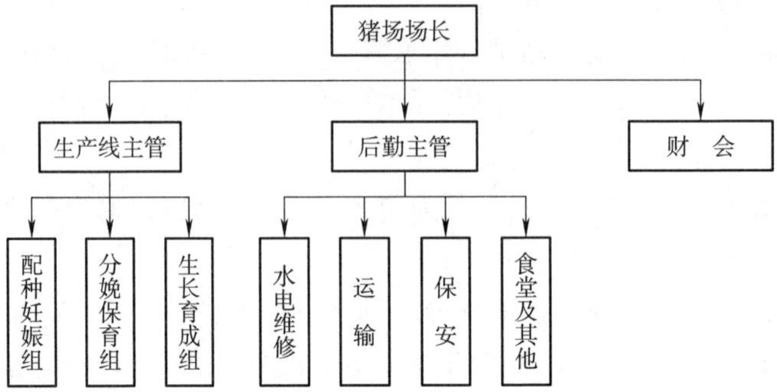

图 5-1　某万头猪场组织结构

饲养员定编：配种妊娠组 4 人（含组长），分娩保育组 4 人（含组长），生长育成组 6 人（含组长）夜班 1 人。

后勤人员按实际岗位需要设置人数：

如后勤主管、财会、司机、维修、保安、炊事员、勤杂工等。

五、对财务部门的内部审计

内审部门不是财务部，内审部门一般也不应归财务部管理。如果可能，对财务部门的内部审计可从多个角度展开。

（1）财务人员的预算水平，例如最低风险额度的控制。

（2）财务人员的控制水平，例如资产负债率的控制。

（3）农业补贴的内部审计，从补贴项目的申报、跟踪到财务入账，提前进行内核。

（4）对科研项目资金的内审重点是基于财务角度对其绩效、财金合规进行审计，例如立项的审批、资金的使用效率、结果与预期的差异等。

（5）农业企业中，“公司＋农户”是一种重要的经营模式，经常涉及结算的多个环节，内审的重点除了资金情况，也要注意农户的合同、生产组织、食品安全把控等要素。

（6）风险评估。财务人员过失扔失发票、报销发票上写着“请某某领导吃饭”、出纳被骗错误汇款等情况也发生过。

六、生物资产的内部审计

一直以来，农业行业生物资产盘点被人诟病。农业类上市公司财务造假，经常是利用生物资产难以盘点的弱点。没有核算损失的农场、渔场、养殖场等，好比是没有门卫的超市。

1. 防漏止损。农业企业在生物资产管理中存在一些常见的漏洞，例如不少农业企业不注意下脚料、废弃物的管理，下脚料和生物资产损失经常是财金管理的死角。其实，生物资产损失既是财务问题，也是食品安全问题，防漏止损还事关职工廉洁观念、生产效能观念的培养。

2. 仓库管理。仓库的管理其实并不简单，内部审计人员要进行“从账到货、从货到账”的双向盘点。仓库管理中有很多的细节，例如节约搬运费等问题。

3. 生物资产盘点的一些经验。

（1）树木数量审计抽样。随机选出多个点，每个点一百平方米，计算出每百平方米的平均棵数及胸径和材积量。先带上固定数量的绳子，见树系一根，总绳子数减去余下的绳子即为见上的树数。

（2）养殖业旋网计数法。按养殖池地形、地貌以及虾类分布区进行分片抽样，求得每网平均虾数，换算成每平方米的虾数，乘以养殖池水面总面积（平方米），再乘以经验系数，即可计算出池中虾类总数。旋网的网目应当足够小，使虾跑不出去。

计算公式如下：池内虾类总数（尾）＝每网平均虾数（尾）/旋网撒开的面积（平方米）×养殖池面积（平方米）×经验系数。

经验系数是将该池以旋网计数所得的虾类总数除以实际收虾总尾数所得之商数。这种方法比较准确，但应考虑随着水深的增加，网口逐渐缩小。旋网计数法适用于东方对虾等白天活动的虾类。

（3）养殖业标志计数法。取一定数量的虾，剪掉一部分尾扇作为标志，放回原来池塘中，1～2 天后，再随机捕捞抽样，用下列公式估算池内虾的总数：池内总虾数（尾）＝平均抽样虾数（尾）×池内标志虾总数（尾）/平均抽样中标志虾数（尾）。

这种方法的准确度随标志虾数目及标志后取样数目的增加而提高。一般情况下，标志虾的数目应是预计数的百分之一，重捕的标志虾数应是标志总数的10％以上。

（4）养殖业拖网定量计数法。用一个口宽 2 米的横行拖网，从池塘的一边拖到对边，用捕得的虾的数量乘以池塘面积与拖网面积之比，便求出全池的虾数。显然这种方法只适用于池底平坦的小池塘。

（5）养殖业网框定量计数法。把已知面积（一般为 1 平方米）的铁框扣在池底上，一种办法是框的四壁高出水面，把扣在网框内的虾用捞网捕起来；另一种办法是网框四边只有 30 厘米高，但上口用网片围起来，扣网后潜水下去计数。应在每一个池角取一个样，池中间取 6 个样，由此算出每平方米面积中虾的平均数，乘以池塘的面积后就得出全部的虾数。适用于白天埋栖的虾类。当然，单一池塘的鱼的种类唯一的话，通过饲料投放和残余估算也行。不过，鱼也好，虾也好，在池塘里就只能估算，毕竟内审不是破坏。

（6）生物资产盘点新科技。各种新的技术让人目不暇接，农业公司借用科技的力量对生物资产进行盘点不是梦。例如某公司在 2018 年的 11 月就用他们自己制造的巡检机器人、喂料机器人、3D 农业级摄像头等智能化设备养猪，他们的养殖成本中，人工成本减少了 3～5 成，饲料使用量降低了 1 成，平均的出栏时间也缩短了 5～8 天。宁波某公司成功研发了一套基于 AI 图像识别技术的生物盘点系统。系统依托机器视觉和物联网平台技术，率先应用在规模化鱼类养殖的数量统计中，属水产养殖行业首创。该系统主要由高速摄像机、拍摄摇臂、图像处理以及计算系统组成。设备布局完毕后，利用全局曝光的高速摄像机对鱼池进行全景拍摄，利用以太网传输至计算机处理。图像经灰度变换、滤波去噪等预处理后，进行特征提取并结合形态学分析，进而得出结论。为了验证这一技术的可靠性，2018 年 8 月，以浙江省淡水水产研究所为主的专家组在衢州市的一个鱼塘进行了实测。应用该公司基于 AI 图像识别技术的生物盘点系统，单个鱼池盘点时长仅耗时 5 秒钟。随后进行了人工盘点，4 名工人花费 25 分钟才完成。清点结果表明，AI 图像识别技术的准确率高达 99%。

农业企业的内部审计可以做的事情很多，对于企业战略目标的实现、管理能力的提升有很好的促进作用。现实中，中小型农业企业难以配备内审人员，但企业负责人可运用内审的这套思路进行日常管理，分管财务的副总或是办公室也可兼任此类事务，并直接向董事会负责。

第三节　内部控制

内部审计是内部控制的一环，内部控制一直被很多农业企业误解。事实上，很多农业企业 IPO 被否就是因为内部控制出现问题。

案例一　内部控制就是领导审核与签字

误解危害性：★★★★★

案例分析：在内控体系中，“领导签字”可能是最容易被观察到的现象。在追求管理形式而非管理实质的文化氛围里，特别是当设置了大量不恰当的审核要求、同时审核过程流于形式，导致签字之后仍然出现问题时，内控体系很容易被异化为“就是领导签字”。具体表现为：

①加剧内控措施形式化倾向，导致企业普遍视内控为一种官僚机制。

②将所有内控管理责任归结至签字领导，阻碍各部门（岗位）“各司其职，

各负其责的实现”。

真相分析：一方面，审核只是内控完整框架中非常细节的一项具体控制活动，而签字不过是这项控制活动的一种表现形式而已；另一方面，只有领导人真正有效地履行审核责任，才能达成有效的管理结果。只有将有效审核程序与具备专业能力和责任心的签字人结合起来，同时配合相关的其他管理措施，才能实现内控管理形式与实质的统一。

案例二　内部控制就是一堆打印的制度

误解危害性：★★★★★

案例分析：做完制度流程，打印出来锁在档案柜里，内控工作就算完成了；除了应付检查，对实际管理不产生任何影响——这不仅让内控要求形同虚设，而且还会让单位成员普遍形成“制度可以是闹着玩”的严重错误认识。

真相分析：内控要求只有制度化，才能确保其严肃性和可传承性。内控制度的编制过程应该是体现风险评估、内控措施制定、实施与监督改进的完整管理闭环。制度文档是内控要求的外在形式，其内核在于单位各部门，岗位落到实处的具体管理活动。总之，内控制度与任何规章制度一样，你真正用它，它就能为你创造价值。你不用它，它就是一堆废纸。

案例三　内控就是固定的流程、步骤和表单

误解危害性：★★★★★

案例分析：在内控体系中，经过预先设定的流程、步骤和表单，往往以管理制度的方式体现，这是内控体系非常突出的特征。但如果仅仅将注意力集中于这些内容，则会产生一类错误理解，即内部控制就是制定好的流程、步骤和表单，只要表单填写完整，完全按照步骤执行就万事大吉；如果内控最终执行效果不好，则一定是流程、步骤和表单有问题。这种谣言基本上把内部控制与机械化的管理画上了等号，一方面严重忽略了管理过程中人的因素，另一方面忽略了内控体系的动态性和灵活性。

真相分析：有形的流程、步骤和表单是为了实现相对无形的管理实质。为了实现这一点，必须：

①任何流程、步骤和表单，都需要合适的人来执行，执行人员的个人专业判断不可能也不应被完全取代。“没有规矩、不成方圆”，但“匠无才，有规有矩，亦不成方圆”。

②任何流程、步骤和表单的执行效果，都需要有效的执行监督体系予以检验与监督。

③任何流程、步骤和表单的设计有效性。需要进行持续评价和改进。

案例四 内部控制就是反舞弊

误解危害性：★★★

案例分析：当下职业舞弊屡见不鲜，不难理解内部控制总是和舞弊联系起来。但如果说内部控制就是反舞弊，则是一种会产生较大负面作用的片面理解。一方面，会导致单位严重忽视除舞弊以外的其他风险；另一方面，会对单位内控体系搭建造成很大的意愿阻碍。

真相分析：内控体系要应对的风险涵盖合规、运营、报告等多个层面，涉及单位管理经营的各个领域，而舞弊风险只是其中非常特殊的一个组成部分。同时，常规的内控措施对职业舞弊往往是失效的，应该制定专门的、有针对性的反舞弊机制。

案例五 内部控制是为了合规

误解危害性：★★★★

案例分析：随着我国内控规范体系等法规的出台，众多企业迫于合规压力或者受到法规引导，开始着手搭建其自身的内控体系。在这样的背景下，将合规作为内控建设的唯一目标，成为很多企业的一种共识。这种认识的不良后果包括：视内控建设为一种合规“成本”；追求达到合规条款所规定的各种形式要求，而不考虑单位自身实际情况，进而忽视内控体系的真实管理效果。

真相分析：合规是经营的“底线”，而内控体系所需达成的重要目标同时包括战略、运营和报告等诸多内容。应该搭建怎样的内控体系，取决于单位面临怎样的风险。其最根本的落脚点是为单位实际经营服务。正好比，个人坚持锻炼保持身体健康，绝对不仅仅是为了我工作时可以顺利通过单位体检；搭建内控是为了单位的健康发展而不仅仅为了达到外部法规的条条框框。

案例六 内部控制会削减老板的权力

误解危害性：★★★

案例分析：在内控体系中一个非常重要的基础结构即为授权体系。授权体系意味着在实际操作过程中，有一些决策需要由领导之外的人做出。因此，建立内控体系往往被理解为对领导权力的剥夺。这种谣言会导致实际控制人对内控体系的抵触。

真相分析：为了实现有效的管理，必须建立基于授权和转授权的体系。原因是：老板精力有限，且应关注战略制定等重大（长期）事项。因此，无论是否建立内控体系，实现绝对集权是不可能的。既然授权不可避免，建立内控体系恰恰可以帮助企业建立更加清晰、规范的授权体系，并且同时维持老板的决策影响。因此，在内控体系下：

①所有授权围绕战略展开。

②所有授权并非孤立事项，围绕授权将建立基于职责划分的牵制体系。

③领导保留监督权及考核奖惩权。鱼与熊掌不能兼得，所有权与经营权的适当分离不可回避，而有效的内控体系是为了更加高效地实现并利用这样的分离。

案例七　内部控制会降低运营绩效

误解危害性：★★★★★

案例分析：内控体系从无到有，就具体的工作而言，往往体现了工作程序的调整或增加，可能导致特定部门/岗位的工作事项增加或性质改变，而这通常意味着特定工作人员工作负担的增加。在这种情况下，出现诸如“内控体系太麻烦、内控体系影响效率”的抱怨，非常正常。这条谣言，可能在整体上将内控体系“负面化”，动摇内控体系的企业文化基础，对实施效果产生巨大的消极影响。

真相分析：如果对内控体系的特点稍加分析，就能发现上述观点是非常片面的。

①所谓“磨刀不误砍柴工”，内控体系中的计划及其他事前准备工作要求，可以更加有效地协调企业资源、提高长期内的工作效率。

②内控体系中的各项控制措施，其设立宗旨就在于减少单位的各项损失，这些损失既可能体现为经济损失，也可以体现为效率损失如各种“返工”所徒增的工作时间。当然，在抱怨内控体系影响效率的人眼里，这些成本通常是不纳入考虑范围的。

③内控体系仅针对经过风险评估，认定需要进行控制的事项实施控制；在一个健康的内控体系中，被认定为仅仅影响效率、没有收益的控制活动，将会被及时清理。

④内控体系关注的是单位整体的、长期内的效率，孤立部门/岗位抱怨其自身工作效率受到影响，很可能是一种“只见树木不见森林”的狭隘观点。正好比，绿灯变成红灯，对于刚刚减速停下的车辆而言，确实耽误了司机的时间，但如果没有红绿灯，整个城市的交通必定陷入瘫痪；同理，内控体系关注的是单位整体及长期内的整体效率，而不是孤立部门/岗位的短期效率。

案例八　内部控制就是为了管人

误解危害性：★★★

案例分析：内控体系的建立，必然伴随着对特定人员的行为限制以及配套的监督，这会给企业人员“我是不是不被信任?”“这些制度是不是为了管我?”的感受。这条谣言可能导致企业各级成员对内控体系的内心抵触。

真相分析：应该说，这种说法之所以是谣言在于其故意混淆了手段和结果。内控体系的确需要对人特别是关键岗位人员的行为进行约束，但这种约束本身不是目的——通过对人员进行行为约束进而控制重大风险才是真实目的。在职业舞弊案高发的社会环境下，遵守规则、接受监督，实现对人的行为的有效约束，既是对单位有效运行的保证，也是对其成员个人本身的切实保护。

案例九　内部控制净管些鸡毛蒜皮的事情

误解危害性：★★★★

案例分析：一方面，在单位实施内部控制的过程中，很多部门（岗位）可能并未理解某些具体控制要求的目的；另一方面，一些单位由于缺乏风险评估活动、管理官僚化，对一些不重要的事项常常过度控制（如任何费用开支不论金额大小一律需要总裁签批）。上述原因可能会让公司成员认为内控体系没有关注重点，从而对内控体系的实施产生明显的负面影响。

真相分析：内部控制本身与“鸡毛蒜皮”应该是格格不入的，如果内控体系披上“鸡毛蒜皮”的帽子，则无外乎在如下两个方面出了问题：

①是不是“鸡毛蒜皮”要站在企业整体层面用长远的战略视角进行判断。在特定部门岗位看来，“鸡毛蒜皮”的事情对于其可能意味着重大风险，未理解某些具体控制要求在当前看来是“鸡毛蒜皮”的事情，在长期来看可能意味着重大风险。

②如果确实是“鸡毛蒜皮”的事情，则要么是风险评估环节出现了问题，要么是经营环境发生了变化，那就应该对控制措施进行及时调整。“合理规划，突出重点，合理分配管理资源”是任何管理活动的基本法则，通过科学、客观的评估识别并剔除“鸡毛蒜皮”事项的影响，本来就是内部控制的基本意义。

案例十　只有那些大单位才需要内部控制

误解危害性：★★★

案例分析：一般而言，规模较大的成熟内控体系更加体系化、规范化，并且受到更多人的关注。因此，很多人会产生这样的误解：只有大单位才需要搞内部控制，规模小的就没有必要了。

真相分析：如 COSO 框架所提出的，任何组织，无论规模大小，都需要建立与自身特征相匹配的内控体系。理由包括：

①内部控制关注的是响应风险，所以只要面临需要管理的风险，都需要采取一定控制措施。煎饼摊老板收钱会仔细检查一下是否是伪钞，就是典型的内控程序。内控在不同规模、不同成熟度下，会体现出不同的特点。

②任何内控体系的搭建都会体现为一个从粗糙到细致、从单线条到系统化的发展过程。无论什么身材都需要衣服，我们应该关注的是如何做到量体裁衣；无论规模大小，单位都需要一定的内部控制制度，我们应该关注的是如何让内部控制从根本上符合特征、满足需要。

第六章　农业企业的税务管理

第一节　农业企业税收政策

一、增值税

我国现行增值税属于比例税率，根据应税行为一共分为13%，9%，6%三档税率及5%，3%两档征收率。

（一）农产品征税范围及适用税率

财政部公告2019年第39号：2019年4月1日起，原10%扣除率降为9%，用于生产加工13%税率货物的扣除率为10%＝（9%＋1%），加计扣除2%降为1%。农产品（以下称“初级农产品”），是指种植业、养殖业、林业、牧业、水产业生产的各种植物、动物的初级产品，包括未经加工农产品和经过初加工的农产品。农产品的具体范围参见《农业产品征税范围注释》（财税字〔1995〕52号）及《财政部、税务总局关于简并增值税税率有关政策的通知》（财税〔2017〕37号）。

（二）销售自产初级农产品及农业服务免征增值税

1.《营业税改征增值税过渡政策的规定》（财税〔2016〕36号附件三）规定，农业机耕、排灌、病虫害防治、植物保护、农牧保险以及相关技术培训业务，家禽、牲畜、水生动物的配种和疾病防治，免征增值税。

2.《中华人民共和国增值税暂行条例》第十五条及其实施细则第三十五条规定，单位或个人自产自销的初级农产品免征增值税。这里的单位包括个人独资企业、合伙企业、公司制企业，个人包括个体工商户和自然人。

3.根据《财政部、国家税务总局关于农民专业合作社有关税收政策的通知》（财税〔2008〕81号）规定，依照《中华人民共和国农民专业合作社法》规定设立和登记的农民专业合作社，向本社成员销售的农膜、种子、种苗、农药、农机，免征增值税；农民专业合作社销售本社成员生产的农业产品，视同农业生产者销售自产初级农产品，免征增值税。农民专业合作社，是在农村家庭承包经营基础上，同类农产品的生产经营者或者同类农业生产经营服务的提供者、利用者，自愿联合、民主管理的互助性法人经济组织。农民专业合作社以其成员为主要服务对象，提供农业生产资料的购买，农产品的销售、加工、运输、贮藏以及与农业生产经营有关的技术、信息等服务。农民专业合作社从事的非增值税免税范围的其他业务，必须按规定征收增值税。此外，对农民专业合作社与本社成员签订的农业产品和农业生产资料购销合同，免征印花税。

4. 根据《国家税务总局关于纳税人采取“公司＋农户”经营模式销售畜禽有关增值税问题的公告》（国家税务总局公告 2013 年第 8 号），纳税人采取“公司＋农户”经营模式销售畜禽产品，视同农业生产者销售自产农产品，免征增值税。“公司＋农户”经营模式从事牲畜、家禽的饲养，即公司与农户签订委托养殖合同，向农户提供畜禽苗、饲料、兽药及疫苗等（所有权仍属于公司），农户将畜禽养大成为成品后交付公司回收。鉴于采取“公司＋农户”经营模式的企业，虽不直接从事畜禽的养殖，但系委托农户饲养，并承担诸如市场、管理、采购、销售等经营职责及绝大部分经营管理风险，公司和农户是劳务外包关系。该模式与企业自产农产品无本质区别，因此，比照农业生产者销售自产农产品，免征增值税。需要说明的是，以“公司＋农户”经营模式增值税政策的适用范围应扩大到所有种植业、养殖业、林业、牧业、水产业，但需财政部、国家税务总局进一步明确。

（三）销售非自产农产品增值税政策

单位或个人外购农产品对外批发或零售，以及外购农产品经过初加工、深加工后对外销售需缴纳增值税。

1. 《财政部、国家税务总局关于免征蔬菜流通环节增值税有关问题的通知》（财税〔2011〕137 号）规定，自 2012 年 1 月 1 日起，对从事蔬菜批发、零售的纳税人销售的蔬菜免征增值税。蔬菜是指可作副食的草本、木本植物，包括各种蔬菜、菌类植物和少数可作副食的木本植物。蔬菜的主要品种参照《蔬菜主要品种目录》执行。经挑选、清洗、切分、晾晒、包装、脱水、冷藏、冷冻等工序加工的蔬菜，属于本通知所述蔬菜的范围。各种蔬菜罐头不属于本通知所述蔬菜的范围。

2. 《财政部、国家税务总局关于免征部分鲜活肉蛋产品流通环节增值税政策的通知》（财税〔2012〕75 号）自 2012 年 10 月 1 日起，对从事农产品批发、零售的纳税人销售的部分鲜活肉蛋产品免征增值税。免征增值税的鲜活肉产品，是指猪、牛、羊、鸡、鸭、鹅及其整块或者分割的鲜肉、冷藏或者冷冻肉，内脏、头、尾、骨、蹄、翅、爪等组织。免征增值税的鲜活蛋产品，是指鸡蛋、鸭蛋、鹅蛋，包括鲜蛋、冷藏蛋以及对其进行破壳分离的蛋液、蛋黄和蛋壳。上述产品中不包括《中华人民共和国野生动物保护法》所规定的国家珍贵、濒危野生动物及其鲜活肉类、蛋类产品。

需要注意的是，享受上述免征增值税的蔬菜和鲜活肉蛋产品，应与其他增值税应税货物的分别核算销售额，未分别核算的，不得享受增值税免税政策。

（四）一般纳税人购进农产品进项税额抵扣办法

根据财税〔2017〕37号等文件规定，从2017年7月1日起，增值税一般纳税人购进农产品，按下列规定抵扣进项税额。

1. 纳税人购进农产品，取得一般纳税人开具的增值税专用发票或海关进口增值税专用缴款书的，以增值税专用发票或海关进口增值税专用缴款书上注明的增值税额为进项税额。进项税额＝买价/（1＋税率）×税率。

2. 单位向农业生产单位采购免税农产品，由销售自产农产品的单位开具增值税普通发票；单位向农民个人收购免税农产品，由收购农产品的单位根据《国家税务总局关于全面推行增值税发票系统升级版有关问题的公告》（国家税务总局公告2015年第19号）的有关规定开具增值税普通发票，系统在发票左上角自动打印“收购”字样。

增值税一般纳税人取得农产品销售发票或开具收购发票的，以农产品销售发票或收购发票上注明的农产品买价和11％的扣除率计算进项税额。营业税改征增值税试点期间，纳税人购进用于生产销售或委托受托加工税率货物的农产品维持原扣除力度不变。进项税额＝买价×税率。

3. 单位向非从事初级农产品生产的增值税小规模纳税人采购农产品，小规模纳税人按照简易计税方法依照3％征收率计算缴纳增值税的，若取得增值税普通发票，不能抵扣进项税额，若取得增值税专用发票，以增值税专用发票上注明的金额和9％的扣除率计算进项税额。

小规模纳税人月销售额不超过10万元（季度销售额不超过30万元），免征增值税，开具增值税普通发票，购买方不能进项抵扣，若小规模纳税人放弃免税，按3％征收率开具增值税专用发票，购买方可以按照专用发票注明的金额和9％的扣除率计算进项税额。进项税额＝增值税专用发票上注明的金额×税率＝买价/（1＋3％）×税率。

4. 农产品增值税进项税额核定扣除试点企业扣除办法。为调整和完善农产品增值税抵扣机制，《财政部、国家税务总局关于在部分行业试行农产品增值税进项税额核定扣除办法的通知》（财税〔2012〕38号）规定，自2012年7月1日起，以购进农产品为原料生产销售液体乳及乳制品、酒及酒精、植物油的增值税一般纳税人，纳入农产品增值税进项税额核定扣除试点范围，其购进农产品无论是否用于生产上述产品，增值税进项税额均实行核定扣除计算抵扣。《财政部、国家税务总局关于扩大农产品增值税进项税额核定扣除试点行业范围的通知》（财税〔2013〕57号），自2013年9月1日起，各省级税务机关可商同级财政部门结合本地区特点，选择部分行业开展核定扣除试点工作。《国家税务总局关于明确营改增试点若干征管问题的公告》（国家税务总局公告2016年第26号）规定，2016年5月1日起，餐饮行业可适用农产品进项税额核定扣除。《财政部税务总局海关总署关于深化增值税改革有关政策的公告》（2019 年第 39 号）纳税人购进农产品，原适用 10%扣除率的，扣除率调整为 9%。纳税人购进用于生产或者委托加工 13%税率货物的农产品，按照 10%的扣除率计算进项税额。

5. 享受批发、零售蔬菜、部分鲜活肉蛋免征增值税的一般纳税人，外购蔬菜、鲜活肉蛋取得或开具的增值税发票、海关进口增值税专用缴款书，不得计算进项税额。纳税人从批发、零售环节购进适用免征增值税政策的蔬菜、部分鲜活肉蛋而取得的普通发票，不得作为计算抵扣进项税额的凭证。

二、企业所得税

《企业所得税法实施条例》第八十六条、《国家税务总局关于实施农、林、牧、渔业项目企业所得税优惠问题的公告》（国家税务总局公告 2011 年第 48 号）、《国家税务总局关于"公司＋农户"经营模式企业所得税优惠问题的公告》（国家税务总局公告 2010 年第 2 号）等文件规定，企业（含农民专业合作社）从事农、林、牧、渔业的所得可以免征、减征企业所得税。

1. 享受免征企业所得税的所得有：蔬菜、谷物、薯类、油料、豆类、棉花、麻类、糖料、水果、坚果的种植；农作物新品种的选育；中药材的种植；林木的培育和种植；牲畜、家禽的饲养；林产品的采集；灌溉、农产品初加工、兽医、农技推广、农机作业和维修等农、林、牧、渔服务业项目；远洋捕捞。农产品初加工的业务范围详见《享受企业所得税优惠政策的农产品初加工范围（试行）（2010 年版）》。

2. 享受减半征收企业所得税的所得有：花卉、茶以及其他饮料作物和香料作物的种植；海水养殖、内陆养殖。根据《国家税务总局关于实施农、林、牧、渔业项目企业所得税优惠问题的公告》（国家税务总局公告 2011 年第 48 号）规定，企业从事上述减半优惠的种植、养殖项目，并直接进行初加工且符合农产品初加工目录范围的，应合理划分不同项目的各项成本、费用支出，分别核算种植、养殖项目和初加工项目的所得，并分别适用免征或减半征收企业所得税优惠。

3. 企业委托其他企业或个人从事上述项目取得的所得，或受托从事上述项目取得的所得，均可享受相应的减免企业所得税优惠。

4. 依据规定，以"公司＋农户"经营模式从事农、林、牧、渔业项目生产的企业，可以享受上述减免企业所得税优惠政策。

5. 企业将购入的农、林、牧、渔产品，在自有或租用的场地进行育肥、育秧等再种植、养殖，经过一定的生长周期，使其生物形态发生变化，且并非由于本环节对农产品进行加工而明显增加了产品的使用价值的，可视为农产品的种植、养殖项目享受相应的税收优惠。主管税务机关对企业进行农产品的再种植、养殖是否符合上述条件难以确定的，可要求企业提供县级以上农、林、牧、渔业政府主管部门的确认意见。

三、个人所得税

依据《财政部、国家税务总局关于个人所得税若干政策问题的通知》（财税字〔1994〕20号）、《财政部、国家税务总局关于个人独资企业和合伙企业投资者取得种植业、养殖业、饲养业、捕捞业所得有关个人所得税问题的批复》（财税〔2010〕96号）等文件规定，对个人、个体工商户、个人独资企业、合伙企业从事种植业、养殖业、饲养业、捕捞业取得的所得，对个人及个人投资者暂不征收个人所得税。

四、印花税优惠政策

根据《印花税暂行条例施行细则》第十三条根据条例第四条第（3）款规定，对下列凭证免纳印花税："国家指定的收购部门与村民委员会、农民个人书立的农副产品收购合同"。

财税〔2008〕81号规定"对农民专业合作社向本社成员销售的农膜、种子、种苗、化肥、农药、农机，免征增值税。对农民专业合作社与本社成员签订的农业产品和农业生产资料购销合同，免征印花税。"本通知所称农民专业合作社，是指依照《中华人民共和国农民专业合作社法》规定设立和登记的农民专业合作社。

五、城镇土地使用税优惠政策

《中华人民共和国城镇土地使用税暂行条例》第六条规定，下列土地免缴土地使用税：直接用于农、林、牧、渔业的生产用地。

第二节　农业企业发票管理中的风险

一、农产品收购发票开具实操中埋藏虚开巨大风险

为了促进农业发展，减轻农民负担，《增值税暂行条例》规定农业生产者销售的自产农产品免征增值税。同时，为了保持增值税抵扣链条的完整性，避免农产品收购企业没有进项抵扣不足，实际承担税负后将该部分税负对农产品生产者进行转嫁，从而使得农产品免税政策不能真正惠及农民，《财政部税务总局关于简并增值税税率有关政策的通知》（财税〔2017〕37号）同时作出了

农产品收购企业可以凭借农产品销售发票、自开的农产品收购发票以一定比例计算扣除进项税额的规定，通过该种制度设计保持增值税抵扣链条的完整性，在确保税收优惠政策真正惠及农民的同时，也促进农产品行业的有序发展。

由于农产品行业零散，农户小、散、乱，要求其统一到税务机关代开发票以供收购企业抵扣存在困难，因此，增值税暂行条例与财税〔2017〕37 号文规定了收购企业可以到税务机关申领农产品收购发票，以收购发票所载收购价款乘以一定比例计算抵扣进项税。但是，好的政策也可能被不当利用。由于现行政策对农产品收购发票采取了“事先申领、自开自抵、留存备查”的税收征管制度，税务机关在企业申领环节仅要求提供《税务登记证》副本、《营业执照》《企业申请购买收购发票审批表》等一般材料，因此，部分不法分子利用该项税收优惠政策，通过伪造购销合同、过磅单、农户身份信息、自产自销证明等材料，在取得虚假的农产品收购发票后，对外虚开牟利。

二、引发农产品收购企业虚开发票刑事风险的三类常见交易模式

（一）无货虚开：虚构农户信息，取得进项并对外虚开牟利

该种交易模式下，行为人在税务机关领取《农产品收购发票》后，伪造农户身份信息、自产自销证明等材料，虚构交易、虚开农产品收购发票，用于抵扣增值税应纳税额，再根据可抵扣数额虚构交易，对外虚开增值税专用发票，从中收取点子费、开票费等方式牟利（图 6－1）。

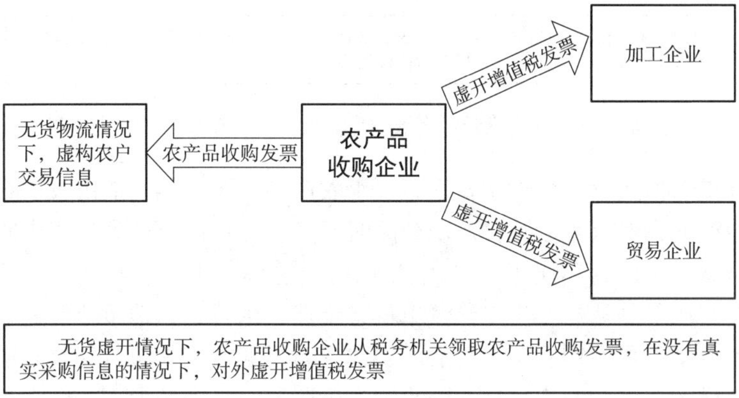

图 6－1　无货虚开

笔者对裁判文书网公布的 2017—2018 年公布的农产品行业虚开案件进行了统计分析，其中 80％以上的案件采用此种虚开模式。由于农产品收购发票申领环节税务局审查较为宽松，现行农产品收购发票开具政策仅要求企业将购销合同、资金流向、入库单、付款凭证、农户的身份证信息、自产自销证明等

材料留存备查，致使虚开的违法成本低。该种交易模式下，因不存在实际的货物交易，因此，受票方所支付的价款会通过各种方式实现资金回流，辅之通过对留存的农户身份证信息核实，该种交易方式一经查处，就会坐实虚开罪名，将会面临严厉的刑罚处罚！笔者检索的案例中，虚开税额上亿元的不在少数。根据《刑法》以及《最高人民法院关于虚开增值税专用发票定罪量刑标准有关问题的通知》（法〔2018〕226 号）规定：虚开的税款数额在五万元以上的，面临三年以下有期徒刑或者拘役；五十万元以上的，面临三年以上十年以下有期徒刑；而二百五十万元以上的，将面临十年以上有期徒刑甚至无期徒刑！

（二）有货代开：零散农户—大户—农产品收购企业

实务中，因经营规模较大的农产品收购企业需要对接的收购对象较多，农产品收购数量需求庞大，搜集散户信息实现与散户的直接对接成本较高，因此往往存在个别大户（业内称为二道贩子）先从零散农户手中收购农产品，再将从散户中收购的农产品销售给收购企业的现象（图 6－2）。

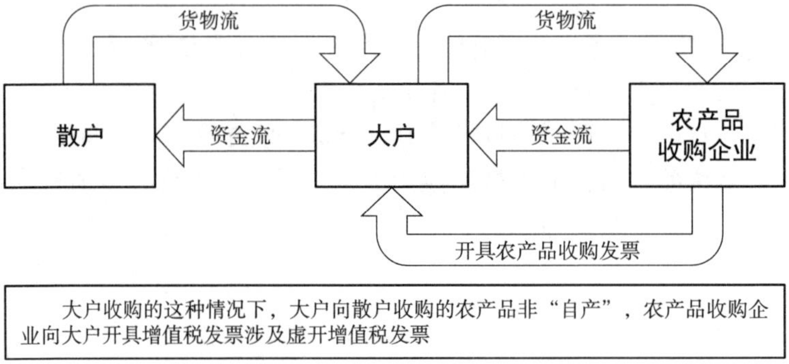

图 6－2　有货代开：零散农户—大户—农产品收购企业

该种交易模式下，由于现行政策要求农产品收购发票只能由收购企业向从事农业生产的自然人收购其自产农产品时开具，大户向零散农户集中收购的农产品严格意义上已经不属于“自产”！该种交易模式下，在收购环节，农产品收购企业实质上是从农业生产经营单位、个体经营者、其他单位购进，应按规定向其索要增值税专用发票、普通发票或代开发票，不得自行开具收购发票。

但这样的要求与农产品行业的收购实际脱节，许多情形下，因零散农户数量较多，又比较分散，大户往往不会向零散农户开具收购凭证，而是对零散农户进行信息采集，包括过磅单、自产自销证明等材料，连同货物一并运至大型收购企业，此时，收购企业根据大户自带的货物＋农户信息＋自产自销证明，填开农产品收购发票从而进行抵扣。此种交易模式下，大型收购企业已并非从农户手中直接收购，且有些交易中，零散农户直接将农产品运送至大型收购企业，办案机关往往会以票货分离或并非从自产自销农户手中收购，不符合农产品进项抵扣政策，而追究大型收购企业虚开用于抵扣税款发票的刑事责任。

考察该种交易模式对应的交易实质，交易真实发生，收购企业根据收购数量、金额据实开具农产品收购发票并申报抵扣的行为，不构成虚开用于抵扣税款发票罪。收购企业需重点关注的风险点在于，大户所提供的散户身份证信息、自产自销凭证信息是否与真实交易一致，对相应的过磅单、自产自销凭证等原始单据留存，并在交易过程中尽到合理注意义务，避免过磅单所载农产品品种、吨数等信息异常，引起公安机关对真实交易的质疑，从而引发被追究虚开发票刑事责任风险。

（三）有货代开：外地农户—本地大户—农产品收购企业

能否取得农产品收购发票是收购企业能否实现增值税抵扣的关键，根据《发票管理办法》第二十五条规定，除国务院税务主管部门规定的特殊情形外，发票限于领购单位和个人在本省、自治区、直辖市内开具。省、自治区、直辖市税务机关可以规定跨市、县开具发票的办法。

就农产品收购发票开具的规定而言，仅有少部分省规定收购发票可以在省内跨市、县开具，例如河南省对财金管理比较规范、纳税信誉较好、收购业务量较大的企业收购发票的使用可在省内跨市、县开具，可汇总开具。[《河南省国税局关于支持农产品加工和流通企业发展规范农产品经营业务税收管理的通知》（豫国税函〔2009〕65 号）]。但是大部分省作出了相反的规定，例如《重庆市收购业统一发票管理办法（试行）》（国家税务总局重庆市税务局公告 2014 年第10 号）、《国家税务总局广西壮族自治区税务局关于农产品收购发票管理有关问题的规定》（国家税务总局广西壮族自治区税务局公告 2010 年第 2 号）、《国家税务总局山东省税务局关于加强农产品收购发票使用管理的意见》（鲁国税发〔2010〕73 号）都规定，收购发票仅限在本县（市、区）范围内使用。跨县（市、区）收购农产品的，可向销售方索取普通发票，或向主管国税机关申请开具《外出经营活动税收管理证明》后，向收购地国税机关申请领购收购发票（图 6－3）。

上述规定与农产品收购行业的实际情况严重脱离，将行业的发展限制在本省本市。为了规避政策，一些跨市、跨省收购农产品的收购企业，向外省市收购的农产品，通过利用本地从事农业生产的自然人（单位）信息，申请开具农产品收购发票，以符合抵扣政策要求。

该种交易模式类似于“挂靠”：无开票资格的外地农户“挂靠”本地有资格的农户，但是，由于现行政策没有明确该模式下的挂靠是否合法合规，为证明交易真实性，农产品收购企业往往还需拟定与本省市农户的交易合同、收付款凭证、过磅单等材料，该种交易安排导致的资金回流与票货分离问题将使得

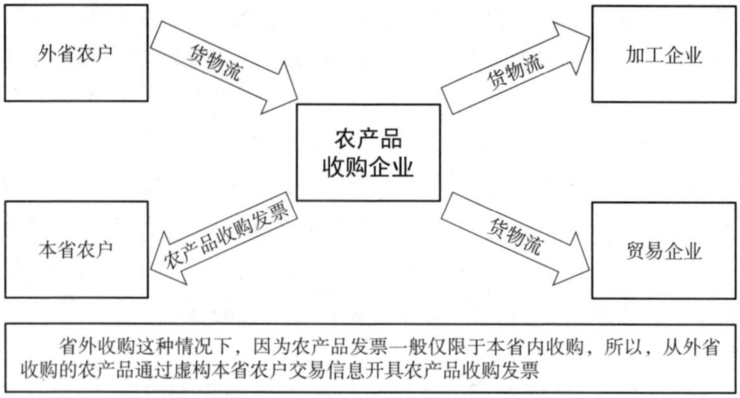

图 6-3　有货代开：外地农户—本地大户—农产品收购企业

收购企业面临巨大的虚开发票责任风险。

笔者认为，这种模式下据实代开，不构成犯罪。笔者检索到的瑞昌市新祥瑞纺织实业有限公司、胡珍祥虚开增值税专用发票一案中，被告单位从外省采购棉花，但冒用本省、市内农民信息，开具农产品收购发票，法院认为：公诉机关在没有确实充分的证据证实无实际货物交易的情况下，即指控被告单位瑞昌市新祥瑞纺织实业有限公司及被告人胡珍祥犯虚开增值税专用发票罪，属事实不清，证据不足，认定被告人无罪。

上述三种收购业务模式均潜藏巨大的虚开发票刑事责任风险，且从初级农产品到最终消费品，农产品行业的产业链绵长，由此导致交易环节较其他行业更多，一旦处于源头上的收购企业被认定虚开，则整个行业链条上的生产加工、贸易等企业均会引发多米诺骨牌式连锁反应，受到虚开发票风险波及。因此，笔者建议，一方面农产品生产、购销、加工全链条上的企业应及时排查潜在的虚开发票风险，必要时借助第三方专业服务机构进行企业税务风险管理辅导、建立企业税务风险管理机制；另一方面，已经进入司法程序的企业应当积极寻求专业税务律师的帮助，在合乎刑法、税法的范围内维护自身合法权益。

第三节　农业企业税收筹划

国内讲解税务筹划的老师比较多，这里重点介绍平台思想。

（一）价格平台

价格平台是指纳税人利用市场经济中经济主体的自由定价权，以价格的上下浮动作为纳税筹划的操作空间而形成的一个范畴，其核心内容是转让定价。例如 VIE 模式（Variable Interest Entities），在国内被称为“协议控制”，是指境外注册的上市实体与境内的业务运营实体相分离，境外的上市实体通过协议的方式控制境内的业务实体，业务实体就是上市实体的 VIEs（可变利益实体）。这种安排可以通过控制协议将境内运营实体的利益转移至境外上市实体，使境外上市实体的股东（即境外投资人）实际享有境内运营实体经营所产生的利益，此利益实体指合法经营的公司、企业或投资（图 6－4）。

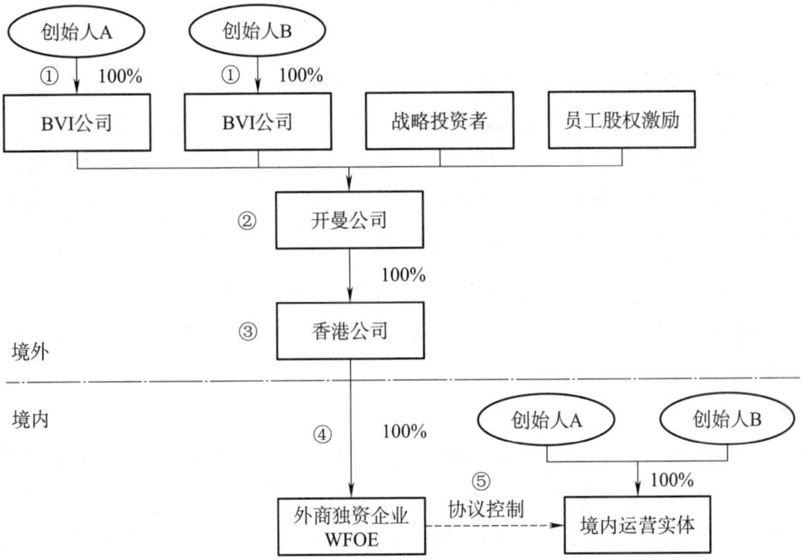

图 6－4　VIE 模式

（二）优惠平台

顾名思义，优惠平台是指纳税人进行纳税筹划时所凭借的国家税法规定的优惠政策形成的一种操作空间。具体筹划方法有：直接利用筹划法；临界点筹划法；人的流动筹划法；挂靠筹划法等。例如“专业合作社＋生产制造企业＋小微企业或个体户”结构，在上游充分运用专业合作社的税收优惠政策，生产制造企业申请高新技术企业资质享受 15％企业所得税优惠税率，下游小微企业享受小微企业优惠政策，个体户实行核定征收（图 6－5）。

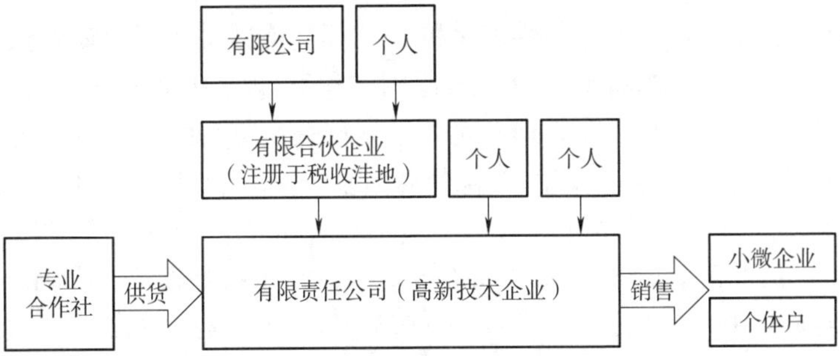

图 6－5　优惠平台

（三）漏洞平台

所谓漏洞平台是建立在税收实务中官方的大大小小漏洞上的操作空间。纳税人可以充分利用漏洞平台所揭示的技巧，来争取自己并不违法的合理收益。漏洞平台的筹划必须有两个分析权衡的过程。其一是成本—收益分析，其二是风险—收益分析。其实风险也是一种变相的成本，要让风险变小甚至避免风险是肯定要付出一定成本的。

（四）空白平台

空白平台是一个动态化的筹划平台，因为一部税法、一国税制是在治税实践中不断得到补充和完善的。于是，在税制中余留的空白便会不断被发现，被补充。空白平台建立的基础只能是不断缩小的税法空白范畴。空白平台筹划的两大途径是：利用立法空白；利用执法空白。例如企业注销后还要保存账簿多少年？一般说是15年，但税务检查的权利限于经营场等地，不涉及私人住址，在企业相关人员不再经营且又没有联系方式，在不涉及刑事事务的情况下，企业注销后税务机关很难进行税务检查。

（五）弹性平台

弹性平台策划原理是利用税法中税率的幅度来达到减轻税负效果的策划行为。弹性平台的筹划方法分为三个步骤，即确定幅度类型，找准适用范围，弹性平台筹划操作。因为税收必须讲究公平与效率两大原则，不同的客观情况要求有不同的税收政策，而税率正是体现税收调节政策的核心。正是税率幅度的存在，为弹性平台提供了法律许可的依据。弹性平台筹划实务中还可以分为两种幅度，其一是优惠鼓励方面的幅度，如优惠税率的幅度、减税额的幅度和扣除额的幅度等，这些在我国税制中普遍存在。其二是惩罚限制方面的幅度，如加成比例、处罚款项等，此种幅度对于将损失减到最少的税收筹划具有重大意义。例如，将农产品加工厂建于非城镇用地，就可以不交纳土地使用税，而将农产品加工厂建于城镇，则需要交纳土地使用税，且在城镇的不同区域相应的税率也不一样。在考量总体成本费用时，城镇土地使用税就成为需要考虑的事项之一。

（六）规避平台

在规避平台筹划中，筹划客体是税收，筹划依据是众多的临界点，当突破某些临界点（或低于或高于）时，所适用的税率便急剧减小或优惠骤然增多，这便是规避平台筹划的工作原理。例如根据按月换算后的综合所得税率表，会产生新的年终奖临界点，发生“年终奖多发一元，到手收入少千元”现象。3.6万元就是一个临界点，如果发放3.6万元年终奖，个税需要缴纳36 000×3%=1 080元，到手34 920元。如果多发一元，也就是发放36 001元年终奖，个税需要缴36 001×10%−210=3 390.1元，到手32 610.9元。相比之下，多发一元年终奖，到手收入反而少了2 309.1元。

第七章　农业企业的政府补贴

农业是一个弱质行业，也是国民经济基础行业，国家给予大量的补贴。农业补贴对于企业而言，不仅仅是利润的增加，更为重要的是一个重大项目的引入对整个企业层次的提升。但对于更多的企业而言，补贴是什么以及如何取得补贴还是基础的问题。

第一节　农业补贴的类别

农业企业补贴涉及企业的人、财、物、产、供、销、研各个环节相关的多个部门，包括科技、发改、财政、人社、供销、水利、工信、商务、管委会等。简单分类如下：

①人：例如人社部门稳岗补贴、培训补贴等。

②财：例如产业化贷款贴息、产业园区及税务机关税收返还政策、上市补贴等。

③物：例如供销系统特种物资储备等。

④产：例如环保部门环保补贴等。

⑤供：例如农发办产业化设备采购补贴等。

⑥销：例如商务部门出口补贴等。

⑦研：例如科技部门科技项目等。

根据不同的政策类别，补贴又可分为三类。

（1）优惠政策类。此类是普遍可以享受的，农业相关项目建设完成，可以找相关的政策发布部门申请。

（2）补贴类。此类基本都是先建后补类，在项目建设前需要得到当地政府部门的认可，得到当地的政府支持，做好项目报备，然后再申请补贴，等项目验收通过，才能拿到补贴。农业龙头企业、农民合作社、家庭农场均可申请。

（3）专项扶持类。此类是国家对某些农业项目进行重点扶持，资金额度较大，多要求带动性强、可行性好、社会效益好，能引导当地产业发展。对当地的自然环境及生态环境无害，获取此类项目申报材料是重点。

笔者从公开渠道查询到了很多的补贴信息，以下有四个案例。

案例 1：某全智能化蛋鸡产业园项目

从相关政府网站上，笔者查询到一个产业园项目，该项目总投资 3 619 万元，企业自筹 2 533 万元，中央预算 1 086 万元，其主要内容包括以下两点。

（1）建设目标。建成 150 万只全智能化蛋鸡产业园，形成以蛋鸡养殖为核心，涵盖饲料加工、蛋品分级包装、有机肥生产、有机种植结合的全产业链布局，同时辐射带动区域相关产业的发展；以数字农业建设为主线，以实现“生产智能化、经营信息化、管理数据化、服务在线化”为目标，将蛋鸡产业园建设成为集高科技农业生产示范、数字农业精准农业试点推广、农业产业化经营以及生态绿色发展为一体的数字化畜禽养殖示范基地。

（2）建设内容及规模。自动化精准环境控制系统 6 套；数字化精准饲喂管理系统 6 套；智能化取水、净化、供水系统 2 套；电脑配方饲料加工及中控设备 2 套；机械化自动产品收集系统 6 套；智能化鸡蛋分级包装系统 1 套；智能化清洗机器人 1 台；鸡蛋喷码追溯系统 2 套；在线式蛋线清洗机 3 台；智能化有机肥自动生产线 2 套；智能化大农场管理系统 1 套；中央监控系统 2 套；蛋鸡全产业链大数据平台 1 套；密闭式蛋鸡舍 6 675 平方米。

案例 2：登陆新三板补贴

全国中小企业股权转让系统 NEEQ（National Equities Exchange and Quotations）俗称“新三板”，对于企业登陆“新三板”，各地也是给予财政补贴，可以从该系列中查询到一些相关公告。例如某农业企业 2019 年公告。

根据中山市政府印发的《中山市人民政府关于进一步促进企业上市的意见》（中府【2014】32 号）及《中山市企业上市扶持专项资金管理暂行办法》（中金〔2019〕136 号）两份文件，公司获得 2019 度中山市企业上市扶持奖励资金 200 万元，该笔中山市企业上市扶持专项资金已于 2019 年 12 月 10 日全部拨付至公司账户。公司将合理利用好政府资金，让公司的业绩再上一个新台阶。公司将按照《中山市企业上市扶持专项资金管理暂行办法》（中金〔2019〕136 号）及《企业会计准则第 16 号——政府补助》等有关规定对上述款项进行会计处理，最终的会计处理以审计机构年度审计确认后的结果为准，敬请广大投资者注意投资风险。特此公告。

案例 3：某退市“新三板”企业的补贴

笔者曾经研究过油茶行业，从公开网络信息中查询到某油茶加工企业 2017 年取得 5 824 万元补贴，后该企业从“新三板”退市。这些补贴涉及发改委、财政、土地、扶贫、林业等部门（表 7－1）。

表 7－1　某油茶企业 2017 年度公告获取补贴相关信息

政府补助项目名称	本期新增补助金额	本期计入其他收益金额	期末数
生产性项目建设		16 666.66	155 555.54
财政按农产品加工财政补贴金额		80 000.00	746 666.67
1.2 万油茶加工线建设		13 333.34	124 444.45
县域经济项目经费		23 333.34	217 777.78
某县区域经费项目		13 333.34	124 444.45
水土保持设施补偿费		1 500.00	6 625.00
国土交易服务费		893.16	41 904.09
2014 年度“百企”固定资产投资补助和税收上台阶奖励资金—油茶产业园		50 000.00	466 666.67
2014 年度全市粮食专项资金一年产 200 吨茶油自动化产线扩建项目		6 666.66	74 999.98
2014 年技术改造专项资金-贵太太茶油进口自动化生产线建设项目		6 666.68	61 111.09
精炼菜籽油生产线技术改造项目		10 000.00	91 666.67
2015 年某市农产品加工固定资产投资财政补贴专项资金		79 138.88	100 722.24
某市财政局经建处公共项目专项资金		305 555.56	388 888.88
某县产业扶贫一期奖扶贫金		187 500.00	14 812 500.00
某油茶产业园建设项目土地出让金政策资金支持		112 099.00	5 061 701.00
某湘商产业园一期工程竣工专项扶持//2150806-中小企业发展专属	26 000 000.00	325 000.00	25 675 000.00
某县财政国库管理局贵太太二期（土地）奖励资金结算	8 030 000.00	26 766.67	8 003 233.33
2017 年湘西地区重大产业项目投资补助资金	800 000.00	7 521.37	792 478.63
2016 年湘西地区重大产业项目投资补助资金		3 025.00	996 975.00
某区小微企业创新创业专项资金	313 696.00	10 261.08	303 434.92
税收贡献奖补贴	10 000.00		
某市企业发展补助资金人大议案工业集中区遗留问题专理办	50 000.00		
某市镇财政所-非公有制党建工作经费	1 000.00		
某市林业局-林业局付中央贷款贴息资金	364 100.00		

（续）

政府补助项目名称	本期新增补助金额	本期计入其他收益金额	期末数
某市林业局-林业局付产油大县专项资金	50 000.00		
第一批工业转型省级专项//2060－03－产业技术研究与开发 250000	250 000.00		
收某省 2017 年县域经济发展专项资金（第二批）	100 000.00		
某县统计局付“四上”申报奖金	10 000.00		
某县商务局补贴收入	10 000.00		
某市创业指导中心 2016 年长沙市创新创业带动结业示范项目	80 000.00		
合计	36 068 796.00	1 279 360.76	58 246 796.39

案例 4：某上市公司 2020 年度相关补贴信息

某上市公司 2021 年 4 月公告 2020 年度相关各项补贴约 1.5 亿元，影响 2020 年度损益 7 689 余万元，涉及中央、省市县区多个层级、多个政府单位、多个项目（表 7－2）。

表 7－2　某上市公司 2020 年度公告获取补贴的相关信息

种　　类	金　　额
1.1 万吨氟氯代吡啶系列三药中间体产业链项目	8 766 000.00
3.93 万氟氯代吡啶系列三药中间体/设备采购	4 354 166.67
年产 5 000 吨毒死蜱中间体配套一期项目	2 416 964.01
重点产业振兴和技术改造项目	1 958 333.49
形成年产 2.5 万吨吡啶碱生产能力	1 880 000.00
吡啶废水汽提改造等项目	523 333.41
二氯烟酸研究专项经费	1 188 333.18
智能制造补助	2 160 000.00
年产 2 万吨四氯吡啶三药中间体项目	1 920 000.00
废水焚烧装置及配套设施	5 009 886.02
30 000 吨毒死蜱项目	2 216 216.22
园区循环化改造资金 2，3－二氯吡啶项目	1 675 579.30
2，3 二氯吡啶技改项目	1 579 831.94
年产 1 000 吨甲基吡啶类生物医药中间体研究及产业化	783 333.30

（续）

种　　类	金　　额
百草枯一工段二工段工艺废水废气综合整治等项目	81 666.75
氟氯代吡啶系列三药中间体产业链项目	587 500.00
工业和信息化专项资金	1 200 000.00
土地返还款	6 575 017.22
废气、废水环保综合处理项目	1 012 500.00
临邑财政补助（土地）资金	4 492 672.80
锅炉改造补助	578 416.93
2，3-二氯吡啶项目一期工程	637 995.26
四氯吡啶项目循环化改造	12 671 666.67
工业高浓废液焚烧技改项目	700 000.00
基础设施补助	1 789 189.56
智能工厂补贴	3 906 976.74
市环保局废水治理财政补助	279 999.92
二氯烟酸第四期款	306 666.59
经委 18 年创新省份建设专项资金	545 400.00
年产 1 万吨 ZPT 项目一期工程	400 000.00
雨排系统改造工程项目	18 750.00
购置研发设备补助	365 947.36
企业 DCS 系统建设	119 478.25
循环化改造补助金	5 346 649.48
2019 年度产业发展专项资金	855 378.15
农药废水治理提标工程	166 666.59
三氟氯氰车间技改项目	103 000.08
氯化吡啶项目（工信部规【2015】463 号）	6 000 000.00
年产 2 万吨维生素烟酰胺项目二期（年产 1 万吨）	1 416 000.00
产业发展资金	5 640 000.00
收到产业扶持政策资金	3 890 880.00
区财政局扶持资金信保基金	846 200.00
稳岗补贴	2 276 529.96
生产扶持资金	3 321 000.00
先征后退（退税）	446 752.04
经信局 2018 制造业升级政策扶持资金	490 200.00

（续）

种　类	金　额
万州经开区财务局拨付的生产扶持资金	1 188 000.00
专利补助	10 000.00
2018 研发仪器设备补助	1 810 380.00
知识产权促进资金	67 200.00
2018 制造业升级政策	1 413 150.00
中小企业开拓国际市场项目	39 900.00
其他	3 000.00
产业技术研究与开发补助	150 400.00
退个人所得税代扣代缴的代理费	3 142.37
专利奖励	150 000.00
区人力资源和社会保障局款	149 036.00
2019 年度经济发展考核奖励	200 000.00
区商务局款	600 000.00
区市场监督管理局款	830 692.00
区财政局款	1 600 000.00
区财政局财政零余额账户款	11 920.00
2020 年度科技发展计划和科技经费	500 000.00
失业金发放	155 077.54
职培补贴款	184 000.00
人才补贴	208 800.00
19 年高企认定奖励	150 000.00
稳岗返还	65 711.91
财政扶持资金	964 000.00
信用保险补贴	3 445 700.00
区促消费专项政策补助	88 100.00
职业培训费	60 500.00
收到经信局制造业 2019 年政策兑现资金	100 000.00
收到商务局 2019 年现代服务业政策资金	2 000.00
收到商务局 19 年现代服务业奖补资金	36 400.00
收到当涂开发区 2019 年政策兑现扶持款	867 757.00
收到马鞍山国库商务局出口信保政策支持	182 000.00
收到 2020 年人社局失业保险费返还金	20 041.00

（续）

种　类	金　额
收到2019资信补贴	9 150.00
收到2018年度省支持企业加大研发投入补助资金	15 000.00
收到人社局2020年企业新录用人员培训	21 000.00
收到县人社局转2020年当涂县一次性稳定款项	15 800.00
收到县人力资源和社会保障局奖补资金	16 000.00
收项目专项奖金	200 000.00
2020年度科技创新计划项目奖金	300 000.00
国家高新技术企业新认定补贴	400 000.00
复产财政补贴	182 420.00
危化安全隐患整治奖励资金	100 000.00
一次性岗位补贴	60 000.00
社保补贴	115 688.90
技能提升行动以工代训费	14 000.00
党员活动经费	18 020.00
企业劳动关系监测信息员工作补贴	3 000.00
10月五小活动奖励经费	500
第三批科技创新平台政策支持	2 000 000.00
装备普惠性奖补	280 000.00
2019年度市贯标认证自助拨款	37 000.00
2019年12月职培单位首次发放	2 250.00
2020年度市知识产权战略专项资金	12 000.00
2019年知识产权专项资金	24 000.00
2020年4月职培补贴	900
2020年中小微企业专项资金补助	162 000.00
2019年度第二批省星级上云企业补助	60 000.00
2020年度江苏省绿色金融奖补资金	15 200.00
收江北新区2020年度绿色保险补贴	3 800.00
收财政局太湖项目款	19 705 000.00
收区应急管理局2019年度安全生产专项资金	200 000.00
收街道工会工作奖励经费	1 800.00
收财政局款	900
当涂经开区长江岸线绿化工程费	200 000.00

（续）

种　类	金　额
经信局 2019 年制造强省建设资金	5 240 000.00
财政厅中央引导地方科技发展专项资金-62004940	400 000.00
科技局 2019 年市科技政策兑现技术中心评价优秀奖励	50 000.00
国库经信局付制造业升级兑现资金	922 950.00
经开区 2018 年科技政策兑现重大专项补助	750 000.00
2018 年市政策兑现高新企业技术奖	100 000.00
当涂经济开发区非公党建补助	61 050.00
当涂经济开发区全市第二批基层党建工作示范点奖补资金	100 000.00
人力资源和社会保障厅博士后经费	260 000.00
当涂县人社局 20 年失业保险金返还	103 187.00
安徽省财政厅国库支付中心 19 年省科学技术奖励资金	50 000.00
当涂县开发区 18 年研发补助金	60 000.00
人社局 19 年新进员工培训补助	100 000.00
县科技局 19 年高企政策奖励	25 000.00
市人社局 19 年度博士站经费	100 000.00
县开发区美化工程以奖代补资金	100 000.00
县开发区防汛经费补助	55 000.00
安徽省委组织部创新团队申	100 000.00
当涂国库往来资金户稳定就业补贴	85 200.00
职业培训指导中心以工代训补贴费	150 000.00
劳动局以工代训补贴	300 000.00
2020 工业和信息化第二批	300 000.00
疫情期间中小微企业贴息	300 000.00
2020 第一批科技企业技术创新与应用发展专项项目资金	200 000.00
技能培训	2 000.00
社保退费（疫情）	18 056.10
失业保险补贴	38 505.00

以上案例均来源于公开渠道，笔者相信农业企业负责人可以从中得到启发。

第二节　得不到农业补贴的十个原因

农业企业的补贴这么多，为什么又有很多企业得不到补贴？不少企业申请补贴，都会遇到这个问题，虽然说国家及各省份的补贴政策非常多，针对农业各个环节都有相应的政策，那么多的政策补助项目，很多人去申请了，最后却是大部分人都没有拿到。这其中的原因又是什么呢？笔者总结了以下十点申报补贴不成功的原因。茫无头绪、文不对题、错失时机，基本是没入门的人易出现的错误。缺乏系统、误解关系、资料不行、跟踪不力，主要是有一定基础的人易出现的错误。实力有限、僧多粥少、不幸踩雷，主要是指不可控因素。

1. 茫无头绪。补贴政策很多，从国家到省、市、县，多个部门、各个环节都有相应的扶持政策，比如农业基础设施补贴、耕地保护补贴、农业项目补贴等，一些企业天天听到别人拿到补贴，自己不知从何下手，茫无头绪，这种情况在中小型农业企业中不在少数。

2. 文不对题。各个不同时期、各省市县、各单位的补贴内容是不同的，有的企业在申报时不明就里，一厢情愿地按照自己的需求进行申报，最后申报项目的结果不理想。例如农业龙头企业产业化项目需要有一定的先进性，搞一个低层次的农家乐项目是不行的。例如当期省里的文件是加强冷链物流建设，申报智慧物联网是不行的。

3. 错失时机。各个项目的申报都有窗口期，错过申报期，很可能只能等待下一年度。2015 年之前，很多政府采取项目储备制，提前建立项目库，每年从项目库中选择优质项目给予扶持，当年没有扶持的，直接滚动到下一年度的申报中。2015 年之后，国家逐渐取消了滚动申报计划，但是项目储备还是有的，项目库在很多省市也是都存在的。所以，要建立与各部门的日常联系，把工作做在平时。

4. 缺乏系统。同一项目不能二次享受补贴，到底申报此项目还是彼项目，到底在注册地申报还是到产业地申报，到底今年拿多少补贴明年拿多少补贴，缺少系统性规划。不少企业仅仅把补贴当成一个收益来源，满足于得到更多的补贴，对于补贴项目的质量重视不够，对于大项目补贴与企业自身和整个产业的提升作用重视不够，缺少与人才引进、财务规划、资产管理、产能升级、供应链管理、市场影响、技术升级等内容的连接。

5. 误解关系。经营农业企业，当然少不了与政府建立“关系”，但一些企业把“关系”理解为要多送礼、政府里有人等内容，甚至因此出现了一些违纪的事情，给企业和相关人员带来不利的影响。农业企业依法依规享受政府补贴，这是合法、正当的行为。评审一个项目，有人认为企业行，有人认为企业不行，这是很正常的。不应幻想所有的人都认可自己的项目，关系的处理还是要有系统的理解。在申报期间，发现相关人员不作为或是违规，进行申诉最后取得补贴，这样的例子也不少。

6. 资料不行。农业补贴涉及多个方面的资料，一些农业企业缺乏基础管理，本身缺少准备，上报的资料不全，给项目申报和后期核查、审计等带来不便。农业项目类扶持资金申报对材料编写有严格要求，材料编写的格式、文字的字体字号、材料装订的顺序等都是有严格要求，资料不符合要求，审核时易出问题。

7. 跟踪不力。补贴申报涉及很多内容，包括收集信息、准备材料、项目评审、项目跟踪、项目验收等，要去找申报部门了解项目的申报进度，做好项目跟踪，及时了解项目申报进展。即便是申报材料没通过，也要了解为什么没通过，是哪个环节出了问题，有没有需要补充的材料，能不能补充后再申报等。

8. 实力有限。各个项目申报是有条件的，国家对高级别产业化龙头企业、专业合作社示范社等扶持力度更大，有的企业成立多年还不是地方的龙头企业，有的专业合作社不是示范社，不重视这些资质的取得，造成项目入围障碍。申请补贴也涉及竞争，资质更好的企业获得补贴的可能性更高。

9. 僧多粥少。这些年来，国家的农业补贴资金总额不断增长，但是具体分配到单个项目上的资金都是有限的，申报项目间竞争激烈。另外，有些补贴资金是为了调整农业产业结构，以带动整个产业的发展，不是直接给企业的。例如有些补贴是用来完善农村基础设施建设的，有些是通过项目补贴来平衡整个农业供应链以稳定农产品市场价格等。

10. 不幸踩雷。极少数项目在申报时踩雷，这些事情事出偶然，有时也不得不面对现实。例如遇到当地产业结构大调整，例如遇到具体负责人违纪，例如所在企业出现严重负面消息等。

第三节　如何申请农业补贴项目

一、建立体系

农业补贴申报项目的达成，至少要从三个方面建立体系。

（一）对政策的研究体系

中央政策对此类项目历来的政策是如何的？例如各年1号文是如何讲的，两会政府工作报告中是如何说的，农业农村部是如何讲的；省政府十三五规划、政府工作报告是怎么讲的，主管机关是如何发文的；市县历年是如何规划的，主管机关是如何讲的。各级政府、各个部门的各项补贴的额度、申报时间等，要形成一个动态档案。

（二）对主管机构的体系跟踪

项目申报事宜由区（县、市）哪个部门负责、省级机关哪个主管部门是其对口单位，与此项目相关的有哪些人？这些信息要做到心中有数。要达成一个项目，是一个系统决策的事情，要有体系攻关的思路，假设主要决策者有三人，一人支持，一人反对，还有一人中立，则此时有任何一个人偏向本项目一点，即有可能成功。

（三）对竞争对手的研究

每一个项目都存在竞争，博弈的方法多种多样。参与竞争的最好方法就是消灭竞争，对竞争对手要有深入的研究。必要时，可以用引入外部资源、升级现有项目等方式参与竞争。

二、抓住要点

每一年的项目很多，各种各样，但是，企业应抓住要点运作。

（一）抓住大项目带动

一个技术先进、质量上乘的项目对于企业的整体带动能力是不可估量的，其影响力可延伸到企业的人、财、物、产、供、销、研各个环节。

（二）抓住项目要点

各个补贴针对的要点不同，例如某人社部门补贴主要是稳岗补贴，那么企业就要把稳岗工作与此联系起来；例如某商务主管部门的补贴主要针对出口，那么企业就要把出口作为重点。

三、多措并举

企业要在整个运作体系上真正地把自身运营与产业化结合起来，以实际行动引领产业前进，这样的企业和项目更易获得补贴。企业要在战略高度重视大项目补贴的运作，公司内部组织专门的运作团队，对涉及补贴的单位至少找到其内部一位联系人，平时即建立联系。

四、长期跟踪

申请补贴是一项长期的工作，一方面整个项目从申报到验收时间长，争取补贴的过程也是展示自我的过程，更是一个持续竞争的过程，不到最后一步，不能松懈；另一方面农业企业要把申报补贴当作一项长期的工作来做。因此，建立专门的组织、长期积累人脉、总结申报方法等都要引起足够的重视。同时，补贴类都是“先建后补，先干后奖”，从立项到收到补贴资金，一直到最终接受审计等，要注意合规，也要注意自身资金流动的安全性。

第四节　农业企业补贴的风险控制

从多个案例来看，在申请农业补贴中，农业企业涉及较多的问题是“诈骗罪”“行贿罪”。

诈骗罪是指以非法占有为目的，用虚构事实或者隐瞒真相的方法，骗取数额较大的公私财物的行为。《中华人民共和国刑法》第二百六十六条规定，诈骗公私财物，数额较大的，处三年以下有期徒刑、拘役或者管制，并处或单处罚金；数额巨大或者有其他严重情节的，处三年以上十年以下有期徒刑，并处罚金；数额特别巨大或者有其他特别严重情节的，处十年以上有期徒刑或者无期徒刑，并处罚金或者没收财产。

行贿罪是指为谋取不正当利益，给国家工作人员以财物（含在经济往来中，违反国家规定，给予国家工作人员以财物，数额较大，或者违反国家规定，给予国家工作人员以各种名义的回扣费、手续费）的行为。因被勒索给予国家工作人员以财物，没有获得不正当利益的，不以行贿罪论处。

农业企业在申请补贴时，要高度重视法律风险的控制。不从事农业经营开发，或者所从事的农业经营开发项目不属于享受国家农业补贴的项目，采用伪造材料的方法骗取国家农业补贴，达到定罪数额标准的，构成诈骗罪。在申请补贴的过程中，给国家工作人员以财物，构成行贿罪。

第八章　农业企业的财务造假

第一节　财务造假常见的手段

财务造假的目的一般是虚增利润。这就意味着利润表中净利润是虚增的，那么净利润必然最后转入所有者权益的未分配利润科目，与此对应的资产负债表必须也要有造假的科目。所有者权益的未分配利润虚增，对应的要么是虚减负债，要么是虚增资产。由于调减负债比较困难，因此虚增资产是财务造假最常见的手段，虚增资产包括现金、应收账款及其他应收款、存货、固定资产及在建工程等。同时根据是否需要现金流量表的配合和如何配合，把财务造假分成四种手段。

第一种手段：只要利润，现金流就不管了

财务造假的第一种手段就是现金流完全不参与，是相对简单的财务造假形式。一般情况下，企业会虚增收入来达到虚增利润的目的，虚增收入的方式就是虚增应收账款或者应收票据，这些虚增的收入并不会通过现金流流入企业。这是最简单的排除企业财务造假的方法。

例如，某企业在编制 2013 年半年度报告时，应收账款坏账准备计提不充分，导致其 2013 年上半年利润总额多计 17 163 320.85 元。该企业 2013 年半年度报告合并财务报表附注的应收账款部分显示，其应收账款的期末账面余额为 985 672 513.25 元，期初账面余额为 779 957 292.38 元，而坏账准备项目的期末余额和期初余额均为 60 665.594.42 元，即该企业在编制 2013 年半年度报告时，未根据其坏账准备计提政策对坏账准备期末余额进行调整，导致 2013 年半年度期末坏账准备计提不充分。经测算，该企业 2013 年半年度报告应补提坏账准备 17 163 320.85 元，因此，其 2013 年半年度合并利润表的资产减值损失项目少计 17 163 320.85 元，导致其利润总额和净利润分别多计 17 163 320.85 元（占当期披露利润总额的 71%）和 12 347 165.91 元（占当期披露净利润的 78%）。

该企业对外披露的 2013 年半年度报告显示，其 2013 年上半年实现利润总额 24 012 844.24 元、净利润 15 737 594.85 元，考虑上述应收账款坏账准备计提因素影响后，该企业 2013 年上半年实现的利润总额和净利润应分别为

6 849 523.39 元和3 390 428.94 元。

第二种手段：要利润，也要现金流入

财务造假的第二种手段就是利润表虚增收入和利润的同时，虚增相应的经营现金流流入，对应的资产负债表虚增的不是应收账款，而是货币资金。很多朋友说，货币资金怎么造假，银行函证肯定能说明真相，哪有银行愿意配合公司财务造假的。可是，现实中私刻印章、虚假回函、开假银行网点等现象还是发生了。而且此种情形还有升级版，即通过预付账款、其他应收款等形式把钱转到关联公司，一圈兜兜转转，然后通过经营活动使现金流入，从现金流角度看这就是完美的生意。

例如，2019 年 8 月 2 日，某公司（以下称“该公司”）收到中国证监会海南监管局下发的《中国证券监督管理委员会海南监管局行政处罚事先告知书》，经查明，该公司存在以下违法事实。

1. 该公司 2014—2016 年通过虚构种子销售业务，分别虚增主营业务收入 54 057 684.25 元、22 235 969.95 元、7 514 012.75 元。2014 年 11 月，该公司与 A 公司、B 公司签订种子销售合同。2014 年该公司分别确认向 A 公司、B 公司销售种子，收入 19 307 150.25 元和 24 098 234 元。2104 年 11 月，该公司控股子公司 C 公司与 D 公司签订种子销售合同。2014 年 C 公司确认向 D 公司销售种子，收入 10 652 300 元。2015 年 3 月和 11 月，该公司与 A 公司、B 公司签订种子销售合同。2015 年该公司分别确认向 A 公司、B 公司销售种子，收入 9 568 583.20 元和 7 816 836.75 元。2015 年 3 月，C 公司与 D 公司签订种子销售合同。2015 年 C 公司确认向 D 公司销售种子，收入 4 850 550 元。2016 年 3 月，该公司与 A 公司、B 公司签订种子销售合同。2016 年该公司分别确认向 A 公司、B 公司销售种子，收入 4 023 024 元和 3 490 988.75 元。经查，该公司以伪造销售发货单、使用外部借款划入合同相对账户并最终以购买种子名义流入该公司银行账户来伪造“真实”的资金流等方式，虚构种子销售业务。

2. 该公司 2015 年通过实施无商业实质的品种权转让业务虚增利润 25 150 000 元。2015 年 9 月，该公司分别与 A 公司、B 公司、D 公司、E 公司签订《技术转让（植物新品种权转让）合同》（以下简称品种权转让合同）共 11 份，涉及杂交水稻强优恢复系“神恢 568”等 10 个植物新品种权，合同金额共计 25 150 000 元，该公司确认品种权转让收入 25 150 000 元。上述业务为无商业实质的交易，导致该公司 2015 年虚增利润 25 150 000 元。

经查，A 公司和 B 公司由该公司控制，2014—2016 年均未实际开展业务。D 公司、E 公司应该公司时任董事、副总经理的要求配合签订品种权转让合同、借款协议，没有实际出资购买和使用该公司相关品种权。交易资金均由该公司内部人员安排筹措，经该公司工作人员个人银行账户多次划转后转入A公司、B公司、D公司、E公司账户，最终以购买品种权的名义转入该公司银行账户。

第三种手段：要利润，要现金流入，也要现金流出

财务造假的第三种手段，就是虚增利润的同时，不仅虚增现金流入（或者也不需要这一步），还需要虚增现金流出，从而把资产负债表的造假科目变成存货等内容。而由于农业企业存货难以核查，这种手段的大部分造假公司都是农业企业。

对于第三种手段，典型特征就是净现比会比较低，同时存货等流动资产科目余额持续增长，然后期待一次说走就走的旅行“洗澡”，就可以洗白了。究竟什么样子的净现比算比较低的净现比呢，这里的重点不是绝对值，而是跟同行业进行对比判断。

1. 万福生科造假案。万福生科的造假模式是用公司的自有资金打到体外循环，同时虚构粮食收购和产品销售业务，虚增销售收入和利润。为完成资金体外循环，万福生科借用了一些农户的身份开立银行账户，并由万福生科控制使用，有些个人银行账户甚至连农户本人都不知道。

具体流程是，万福生科首先把自己账上的资金打到其控制的个人账户上去，同时财务记录粮食收购的预付款，再相应地做粮食收购的入账，完成原材料入账。之后再把这些实际控制的个人账户的钱，以不同客户回款的名义分笔转回到公司的账户上，财务对应地做这些客户的销售回款冲减应收款，再相应地做客户销售收入等账目，利用资金的循环达到虚增销售收入的目的。

万福生科造假流程遍及它的进、存、产、销各个经营环节，参与的人员比较多，总体上来说是公司董事长授权财务总监具体执行，执行过程中是财务总监具体分配任务，每个参与人员完成各自负责的一部分，俨然是流水线式的造假流程，造假的系统性比较强。

万福生科在做资金的体外循环中也变换了很多种方式。比如有两个500万元转出去，回来的时候不一定就是两个500万回来，可能会拆分成几笔，把回款的资金拆得比较零碎，想做那个客户的回款，就假冒成这个客户把钱打回公司账户上。

把款打回来之后就涉及一个问题，银行的回单上会显示成个人账户打回来多少钱，而不是客户打回来多少钱，为了掩盖这个情况，万福生科又伪造了大量的银行的回单，私刻了若干个银行的业务章，盖在上面。他们做的单据很逼真，调查人员也是在反反复复翻银行回单的时候发现了蛛丝马迹，最终还是把

这些造假的银行回单找出来了。

2. 绿大地造假案。中国证监会在其官网上表示，证监会在 2010 年 3 月就因绿大地涉嫌信息披露违规立案稽查，发现公司存在涉嫌虚增资产、虚增收入、虚增利润等多项违法违规行为。

(1) 虚增收入。据媒体报道，绿大地上市之前一共有一二十枚假公章，用来伪造上市材料。根据绿大地 2010 年年报，全年收入总额为 35 905.95 万元，而其中绿化工程 34 484.67 万元。

(2) 虚增存货。绿大地 2007 年上市时的招股说明书显示，截至 2007 年 6 月30 日，公司资产合计约为 4.5 亿元，其中流动资产中的存货一项达到 1.8 亿元。绿大地的主要货物为各类苗木。据报告，绿大地的报表上显示的苗木价格与市场上的价格完全不一致。某种苗木市场上报价是 60 元，但是到了绿大地就变成了 300 元。

(3) 虚增土地使用权。除了货物价格造假以外，他们的地价也是假的。绿大地总部位于昆明市经济技术开发区内，属于偏远的郊区，人烟稀少。他们报自己的地价是 100 万元一亩①，但是当时经济技术开发区的地价为 20 万元一亩。

3. 参仙源造假案。中国证监会在〔2016〕83 号《行政处罚决定书》中对参仙源涉及的财务造假问题进行了详细的说明。经查明，当事人存在以下违法事实。

(1) 2013 年参仙源少计成本 55 382 210 元，导致虚增利润 55 382 210 元。参仙源在 2013 年与仲某同、佳业山货庄签订多份人参抚育协议，支付金额 55 382 210 元，但上述款项的实际用途为购买由仲某同、佳业山货庄联系货源的野山参。两者合计购买整参 126 080 支，碎参 5 410.37 斤②，金额 55 382 210 元。参仙源通过虚构协议，将上述外购野山参的成本 55 382 210 元以支付人参抚育费的名义支付给佳业山货庄和仲某同等人，计入了“管理费用”，后该笔“管理费用”被调整至“生产性生物资产”科目。最终销售时，参仙源未对外购野山参的成本进行结转，少计成本 55 382 210 元，虚增利润 55 382 210 元。

(2) 2013 年参仙源虚增收入 73 729 327 元，导致虚增利润 73 729 327 元。2013 年参仙源与参仙源酒业构成关联方，两者之间的交易构成关联交易。2013 年参仙源向参仙源酒业销售的野山参绝大部分是外购的野山参，参仙源按照整参每支 800 元，碎参每斤 2 000 元的价格确认了对参仙源酒业的销售收入，销售价格高于其从上述独立第三方的采购成本近一倍，销售价格虚高、不

---

① 亩为非法定计量单位，1 亩＝1/15 公顷。

② 斤为非法定计量单位，1 斤＝0.5 千克。

公允。参仙源《公开转让说明书》中2013年度财务报告显示：该公司2013年主营业务收入197 698 264.28元，主营业务成本55 010 532.41元。其中，野山参销售收入为141 582 800元，成本11 236 681.71元。根据销售明细，销售给参仙源酒业的野山参收入为141 568 800元。所有被销售的野山参来源均显示为自产人参，实际上绝大部分为前文所述的外购野山参。依照参仙源采购野山参的市场价计算，其销售给参仙源酒业的野山参合计可确认收入实际为67 839 473元，参仙源虚增收入73 729 327元，导致虚增利润73 729 327元。

综上所述，2013年参仙源通过少计成本的方式虚增利润55 382 210元、通过不公允的价格关联交易虚增收入从而虚增利润73 729 327元，合计虚增利润129 111 537元。2014年12月8日，参仙源在全国中小企业股份转让系统挂牌，其在《公开转让说明书》中披露了虚增的2013年利润。

第四种手段：要利润，要现金流入，也要投资现金流出

财务造假的第四种手段是虚增利润的同时，虚增经营性现金流入，同时虚增投资性现金流出，在资产负债表体现的科目就不是存货类的流动资产，而是转移到了更难审查的非流动资产，如固定资产和在建工程。

虽然相对于银行存款和存货，固定资产和在建工程等是实打实的资产，看得见、摸得着，投入资金巨大，但是很难说得清，也就是说这个在建工程或者固定资产究竟值多少钱完全说不清，自然就成了藏污纳垢的地方。

例如，蓝田股份的肥皂泡沫与银广夏如出一辙，他们都利用了披着华丽外衣的财务报表，用一个个谎言来诉说自身经营业绩的传奇。具体分析其财务造假，主要体现在以下几点。

1. 财务造假，虚增利润。

（1）虚增收入。蓝田在其经营期间成功塑造了“金鸭子”“野莲汁、野藕汁”及“无氧鱼”的神话。报表显示的农副水产品12.7亿元的收入具有明显造假嫌疑。仅凭正常喂养的鸭子，一年产蛋量竟高达300多只，每只鸭蛋平均净利润高达0.4元；广告打得响，却不见周边消费的饮料年收入高达2亿元；每亩水面的鱼产值高达2万～3万元。这些造假漏洞百出，纯属天方夜谭。

（2）虚减成本费用。报表中，公司2000年对于野藕汁、野莲汁饮料的广告宣传费用巨额支出不见踪迹。现金流量表中，观察“支付给职工以及为职工支付的现金”这一栏可以看出，蓝田于2000年支付给职工的工资总额为2 256万元，假设公司有13 000名职工，则人均月收入仅为144.5元；且公司于2001年上半年平均支付给每位职工的工资额仅为185元。外界不禁惊叹，一向业绩如此优异的蓝田公司职工收入竟如此之低，这显然不合逻辑。

2. 虚增资产。

（1）固定资产造假。资料显示，其规模增长速度过快，且严重超过业务的扩张速度。报表显示，1998—2000年，蓝田固定资产净值增长率分别达到356.65%、274.85%及54.57%。截至2000年底，其固定资产账面数额已高达21.69亿元，占总资产数值的76.4%。此外，企业在建工程的工期不断拖延，各项支出明显超出预算，并与固定资产的项目分类发生混淆。固定资产计提折旧的年限也过长，减少了每期累计折旧额的计提。

（2）捏造虚假的资产结构。2000年的公司财务资料显示，蓝田的流动比例为0.77，而企业需维持的平均水平为2，这表明短期内拥有可变现能力的流动资产并不能够应付并偿还短期内到期的流动负债；企业速动比例为0.35，而一般企业的平均水平为1，这表明流动资产减除存货后的余额远远低于短期流动负债的数额。此外，流动资产、存货、固定资产等占总资产的比例也不尽合理。

（3）蓝田股份公司在申请股票发行的申报材料中，对涉及的有关批复、批文及土地证进行了伪造，导致企业的无形资产虚增高达1 100万元。

（4）在公司上市之前，于1995年12月间，蓝田伪造了三个银行存款账户的对账单，对银行存款进行了虚假记录，导致银行存款的账面价值虚增2 770万元。

3. 其他造假事实。

（1）蓝田股份隐瞒了其缩减1 600万股本的事实，并未对其进行披露。

（2）会计资料显示，公司的应收账款非常少。报表中企业的主营业务收入为18.4亿元，但应收账款账面价值却仅为857万元。根据财金管理的有关知识，如果一个企业多采用“钱货两清”的方式进行结算，在应收账款的数额减少的同时，也会导致业务的下降，收入的锐减，而这显然不符合蓝田的情况。

（3）公司与关联方的关系较为混乱，与关联方有关的其他应付款科目数额巨大。资料显示，作为中国蓝田总公司的分公司，蓝田股份对其总公司等关联方的巨额资金形成了占用。

（4）企业通过银行大量融资，然而报表显示每年均有大量净现金流入，二者方向背离，与逻辑不符。

对于财务造假的第四种手段，通过净现比很难判断，但是依然可以给大家提供一个思路：固定资产周转率和总资产周转率会下滑，因为虚增的资产不能带来收入。当然这种情况其实核查的难度是最高的，尤其是在如今的A股，通过在建工程来调节利润的很常见。

通过几个简单的方法，即可查询和分析企业有无以上财务造假行为。例如查看企查查、工商信息网、上市公司公告等。

①查其供应方，重点查其异常专业合作社。

②查其销售方，关联方交易较多。
③异常的存货增长率。
④异常的在建工程情况。
⑤异常的付现情况。
⑥异常的诉讼或媒体信息。

第二节　财务造假的三大原因

一、压力因素

压力因素是指企业舞弊者的行为动机。对于农业上市公司来讲，压力因素主要来源于资本市场的制度，包括获得 IPO 资格、避免退市或特别处理等。

（一）获得 IPO 资格

我国的创业板为广大中小企业提供了充分运用民间资本的平台，有利于培养高新科技企业。但根据《创业板首发管理暂行办法》的规定，公司获得 IPO 资格需要满足严苛的条件。

众多企业排队等候 IPO 的现象使公司在申请 IPO 前达到上述条件变得困难，上市资格指标在实际执行中往往会更高，以真实业绩恐怕很难符合创业板上市的资格。于是许多企业希望通过“财务包装”骗取上市资格，万福生科和绿大地就是如此。

（二）避免退市或特别处理

我国资本市场规定，上市公司如果连续三年亏损并在限期内未能消除的，将终止上市。事实上，在正式退市之前，这些公司就开始受制于一些特殊管制。比如，上市公司一旦连续两年亏损或者每股净资产低于股票面值，交易所将对其股票实行“ST”处理。

2001 年度万福生科虚构营业收入 2.8 亿元，虚增营业利润 6 541 万元，分别占公司已披露 2011 年财务报告中三项数据金额的 51%和 111%。可见，万福生科若不采取虚假交易等方式来虚构经济绩效，很可能将会面临“ST”风险。

二、机会因素

机会因素是指可进行企业舞弊而能掩盖起来不被发现或逃避惩罚的时机。对于农业上市公司来讲，其机会因素主要来源于农业企业的部分自有特点。

（一）农业税收优惠，虚增收入的成本低

国家为了鼓励农业生产和农产品加工行业发展，实施了很多的税收优惠政策，农业的税率很低甚至个别领域完全免税，这会极大降低造假的成本。例

如，造假企业如果虚构一笔100元买入、200元卖出的业务，这里面就有100元的销售增值额，正常情况下需要征收100×17%＝17元的增值税。除此之外，剩下的净利润（例如10元）还需要交25%的所得税，这个企业总共会有接近20%的销售额都用来交税了。如果一家企业每年虚构1亿元的销售收入，就需要拿出接近1 000万元来交税，这些税款是无论如何都逃不掉的。为了造假，企业必须连续好几年掏出几千万现金交税，这不是个小数字，造假者不得不掂量一下自己的实力。

但是在农业行业，由于流转税和所得税都有很多优惠，在最理想的情况下可能虚构一亿元的销售收入，企业连一分钱的税也不用交，造假者就会使劲虚构，反正也不怎么花钱。

（二）现金结算比例高

农副产品采购和销售都常常使用现金，而非银行转账，这一点造成审计上存在困难。通常的工商业企业，其上游是其他公司，下游也是其他公司，相互之间的业务支付都是通过银行转账，只要在银行一查，基本交易线索就出来了。但是农产品加工企业上游多数是小农户，企业可能拎着一兜子现金去采购，带着一兜子土豆回来。这种交易在银行系统、物流系统几乎不会留下任何痕迹，交易到底有没有发生，价格、金额、数量是多少，很难去找成千上万的农户挨个问一遍。终端分散、现金交易，让核查真实性变得特别困难，造假者就更容易躲过去。

（三）生产性生物资产核查不易

种植的林木、养殖的动物在核查价值的时候，有很大的调控空间，也很难核查清楚，某些农业类上市公司的存货很难确定价值，盘点也很困难。上市公司可以在一点上做手脚以虚增资产，又可欺骗银行获得抵押贷款。以蓝田股份为例，当年蓝田总经理曾公开说：洪湖有100万亩水面可以开发，蓝田股份现在只开发了30万亩，而高产值的特种养殖鱼塘面积只有1万亩，这种精养鱼塘每亩产值可达3万元，是粗放经营的10倍，开发潜力还大着哩。蓝田总经理当年指着那片洪湖说自己投了多少钱进去治理，有多少多少存货。但谁看得见钱投进去了？谁能数得清湖里有多少条鱼，值多少钱？

三、借口因素

借口因素即企业舞弊者必须找到某个理由，使企业舞弊行为与本人的道德观念、行为准则相吻合，无论这一解释本身是否真正合理。

当万福生科财务造假案被曝光后，该公司董事长龚永福曾说，万福生科上市主要是政府推动的，而如今的局面与当初地方政府推动过猛不无关系。“政府推动”可能是促生万福生科造假的部分因素，但更是为自身的造假开脱责任的借口。

总之，财务造假四种手段，一种比一种复杂，财务造假公司因为种种原因走上这条路，一时看起来风光无限，在专业人士面前实则是有如裸奔。魔高一尺，道高一丈，面对规则，还是多一些敬畏为好。

第九章　农业企业的财务尽调

股权和债权投资中，判断项目企业财务数据的真实性和可靠性是财务尽职调查中一项非常重要的工作，财务尽职调查要看到财务报表背后的实际经营情况，对项目企业的财务风险与价值做出全面而真实的判断，同时，根据投资方的需求重点有侧重地核实和披露项目企业的风险与价值点，这才是财务尽职调查的真正作用。

在实践中，尽调报告的内容和侧重点因投融资双方的需求情况而不同，尽调的范围可以更宽泛。例如猪场的产能、果园复购率、农药整个渠道库存的延伸核查等，这是不同于会计师事务所的审计报告，也不同于内审报告。尽调可以借鉴司法会计的一些思路，同时，也要以开放、客观的心态对待财务不规范的状况。

一、财务尽调的常见问题与方法

（一）营业收入与现金流

在财务报表审计中，收入确认存在的舞弊风险假定：①注册会计师在识别和评估与收入确认相关的重大错报风险时，应当基于收入确认存在舞弊风险的假定，评价哪些类型的收入、收入交易或认定导致舞弊风险；②如果注册会计师认为收入确认存在舞弊风险的假定不适用于业务的具体情况，从而未将收入确认作为由于舞弊导致的重大错报风险领域，注册会计师应当在审计工作底稿中记录得出该结论的理由；③假定收入确认存在舞弊风险，并不意味着注册会计师应当将与收入确认相关的所有认定都假定为存在舞弊风险。

可见，财务报表审计中对于收入的真实性是非常重视的。在财务尽调中当然也不例外，收入的真实性同样非常重要。判断收入真实性的一个重要依据是收入是否有真实现金流支持。在财务尽调工作中，股权有时甚至要将收入、费用的确认基础从权责发生制调整到收付实现制，来验证企业的收入、费用、成本与现金流的配比，原因在于权责发生制虽然有利于业绩评估，却也常常为项目企业的会计造假所用。

在财务尽调中，不仅仅要反映收入的增减情况，还要进一步根据需要分解到客户、区域、渠道、营销团队及人员、产品线、收现比、月度、技术含量等要素上，以进一步反映客户及渠道组成情况、营销人员的能力状况、产品线的组成情况和收现情况等。

（二）营业成本与毛利率

在财务尽调中，不仅仅要反映成本的增减情况，还要对成本的构成情况进行明细分析，例如分产品、分区域、分季节、分渠道、分变动成本与固定成本、分付现比六项。

对于企业的有别于行业特征的毛利率，要予以重点关注。比如，高于行业的毛利率，首先需要从其企业规模、供应商特点、产品成本、技术、价格或服务上找原因，如果没有，就要了解其具体的业务模式和管理水平，如果还没有合理解释，企业的毛利率便很可能存在问题。

（三）利润表

投资人都关心项目企业的利润，利润不仅是企业盈利能力的表现，也是投资者洽谈投资价格的依据。但千万不要忘记，利润是根据会计准则“算”出来的，它和企业的现金流入并无直接的关系。会计政策的选择和会计处理方法不同，会导致企业利润不同。比如，不同折旧年限的选择、存货的不同计价方法等会得出不同的利润；利润中可能包含政府补贴、税收优惠等很多非经常性损益的内容，把这些利润也乘上市盈率来对要投资的项目企业进行估值，肯定不合适。从这个角度讲，利润在很大程度上并不具备很好的可比性，息税折摊前的利润（EBIT）对评价企业真实的经营或许更具参考意义。

（四）资产负债表

要特别关注项目企业的资产流动性，流动性越强的企业，财务弹性和盈利能力越好。要知道，企业的利润直接来源于流动资产的“流动”而不是固定资产的“折旧”，因此，对于那种资产规模很大、流动性却很差的企业，要特别小心。

在农业企业财务造假中，现金、应收账款、存货、固定资产、在建工程等均有可能成为虚增利润的对应项，要保持谨慎，具体可参考该部分内容。

（五）现金流量表

项目企业的经营性现金流是现金流量表上最为重要的指标，如果企业有很大的销售量，但应收账款过大、经营性现金长期为负，就会出现有利润没有现金的情形。只有利润却缺少经营现金流的公司不是好公司，很可能会出现流动性问题。

要想验证项目企业收入、成本的现金配比，有时只有银行对账单、收付款凭证、发货单、收货单及对账单还不够，要验证收入、成本的真实性，有穿透性地进行上下游核查也是必不可少的手段。

二、9 种做尽调的方法和 5 类重要的信息

关于尽调，东方富海董事长陈玮先生的一篇经验之谈，他详细讲解了自己这些年常用的 9 种尽调方法，还有他所看重的 5 类数据。

（一）9 种做尽调的方法（“123456789”）

“9”意思是要见过一家公司 90%以上的股东和管理层。投资人在与项目企业股东洽谈时容易犯的一个错误就是只和企业的实际控制人接触，而忽略了与小股东的沟通。事实上，有时候与实际控制人以外的其他股东，特别是小股东进行的访谈，往往会有意想不到的收获。

“8”意思是 8 点钟原则。投资人到企业考察时，有一个小的技巧非常有用，那就是选择与项目企业作息一致的时间到现场。比如企业 8 点钟上班，那你一定要在 8 点钟到企业，这就是“8 点钟原则”。

一家朝气蓬勃的企业，从上班那一刻起就可以判断它的活力。反之，一家大面积存在员工和管理人员迟到的企业，在决定投资前一定要多打几个问号。

“7”意思是到过一家公司 7 个以上的部门。有些投资对象是技术型的企业，投资人在对企业现场进行走访时，要关注研发、市场、生产部门，但还应该详细走访企业的办公、仓库、物流、财务、人力资源等部门，以对企业有全面、客观的了解和公正的判断。

一家企业的成功是各个部门综合努力的结果，企业管理水平的高低也是企业各个职能部门管理水平的综合体现。

“6”意思是在一家公司连续待 6 天。投资人对项目企业的尽调虽然大多是“走马观花”，但也绝对不能蜻蜓点水，一带而过，连续在企业工作 6 个工作日十分必要。由此，投资人不仅可以看到企业日常的运作状态，还可以通过观察员工的加班情况体会其文化、业务和生产情况。

“5”意思是对团队、管理、技术、市场、财务 5 个要素进行详细调查。影响企业发展最关键的因素有团队、管理、技术、市场、财务，这也是投资机构需要着重关注和详细调查的。

这 5 个要素就像是企业发展的 5 根支柱，缺一不可。尽调要学会突出重点、找准关键的问题。从投资角度而言，在这 5 个要素上花时间和精力对决定投资是完全值得的。

“4”意思是至少访问 4 个上下游客户。对项目企业的尽调还要包括其上下游客户，这种考察往往具有验证的性质。一般情况下，至少应该选择 4 个样本企业，即至少有两个上游供应商和两个下游客户。对供应商的调查主要集中于与企业的供应关系，合同的真实性、数量、期限和结算方式；对下游客户的考察除了对其与企业之间的销售合同相关资料进行核查外，还要看客户对企业产

品的评价和营销方法。

“3”意思是考察项目企业3个以上的竞争对手。对竞争对手的考察有时比对项目企业的调查还要有用，因此，要选择与企业相关度最高的3个以上的竞争对手为样本，比较竞争对手与项目企业的优劣，发现项目企业的竞争优势和不足，考量企业的市场地位和产品占有率。

“2”意思是要永远对项目企业保持20个关键问题。做尽调过程中，有一个技巧不能忽略，那就是去项目企业现场前一定要设计好访谈企业不同人员时的问题，要每次都对企业保持20个以上的不同问题。如何提问，如何设计，怎样找问题，这都需要在去企业前先准备好。

“1”意思是至少与企业普通员工吃一次饭。与普通员工谈企业是做尽调的一种有效渠道，投资人一定要找机会与普通员工至少吃一次饭，利用这种非正式的机会和员工交流。对于依靠人力资源和管理的企业，这是一定要走的步骤。

从员工的谈话中得到的信息，有时比企业管理者按照商业计划书准备的问题所带来的信息更能反映企业的问题。

（二）五类重要的信息

对项目企业真实经营情况进行判断，还要学会利用那些经过第三方验证的“硬数据”，也就是一些经常可能被忽视的非主流信息。这些信息对审计来说可能不是很重要，但对股权判断企业投资价值有着不小的参考意义。

1. 通过工资表判断企业的人才竞争优势。将项目企业的员工薪酬与行业平均工资水平比较，可以看出其吸引人才的能力，对于技术型企业，员工的报酬和相关的激励机制更是反映团队稳定性的重要指标。

2. 通过水电费、运费单判断企业的生产、销售能力。对于制造型企业，水电费和运费是甄别其生产规模、产能、销售能力的试剂，漏税容易偷电难，这些水电费、运费等指标有时对判断企业的真实生产和销售情况比从营销入手更为有用和可靠。

3. 通过银行借款判断企业的诚信度和财务弹性。企业如果对自己的发展有信心，其融资的首选一般是债务融资。因此，在企业有可抵押资产的情况下不选择银行融资是需要关注的。反过来，如果银行给予信用借款，那对企业素质的评价就可以加分，而一个从来没有产生逾期还款的企业是值得信任的。

4. 通过供应商账期判断企业的行业竞争力。账期跟产业链地位有关系，跟项目企业本身也有关系，供应商会比较了解下游的客户，如果给予的账期高于或低于行业水平，都需要关注。

5. 通过纳税判断企业的盈利能力。一般情况下，没有一个企业会在没有销售或利润的情况下去缴税，因此，完税证明是判断企业销售和利润最直接的方法。现阶段，在本土企业中，良好的纳税记录起码意味着企业还有成长空间。

三、看透企业

未来哪些企业有可能成功呢？可以用五层“扒皮法”看企业。

第一层，看财务数据。企业的资产状况、收入状况、成本状况、利润状况、负债状况谁都会看，所以中国过去大部分投资机会都投成熟期的企业、成长型企业，这是谁都会看的。

但是企业光看这个不够，还要看它是做什么的。所以，第二层要看企业的产品，看它的技术、市场、服务，但这个也只是表象。

所以要看到第三层，创新。看企业的商业模式和创新能力，这是企业特别核心的，它到底凭什么赚钱？

第四层是机制，即谁来管理？用什么样的思维来管理？用什么样的方式来管理？这个团队是什么样的？人的因素才是决定企业的因素。

还有最重要的第五层，就是格局。不仅仅看学历、简历，还要看对父母的态度、对朋友的态度、对人对事的态度。

现在很多人都想创业，想要创业成功，一定要有一颗强大的内心，创业一定会遇到挫折。要找到自己靠谱的绝活，还要专注和坚持。

四、农业企业财务尽调的问题与解决思路

农业企业的财务，一方面是基础薄弱，不少农业企业没有专职会计，历史财务数据不全，财务尽调工作推进难度大；另一方面，很多农业企业的财务数据不规范，存在现金交易多、生物资产计量难、往来款及关联方交易难核实、土地承包经营权评估随意性强、在建工程缺发票等问题。

（一）客观看待农业企业的财务数据

一项投资的完成受多种因素影响，也不完全是利润，比如为了销售渠道、为了生产基地、为了技术、为了人才、为了仓储等。笔者曾接触过一个项目，因为被投资企业技术过硬，但是财务实在做得不明不白，最后直接注销了原公司，将原来的几个技术人员作为合伙人重新注册了一家公司。

（二）注意对上下游的延伸核查

要注意对重点供应商和销售商的核查，尤其是关联方关系的核查，必要时可进行多层延伸核查，直到查清真相。笔者曾核查过一家新三板企业，其前五名的供应商为专业合作社，通过核查发现某一专业合作社并无社保记录，注册地和经营地不符，类似这样的问题就要非常小心了。

（三）财务数据与非财务数据的结合

注意非财务数据的收集、核查与运用。水费、电费、工资条、打款单、出厂日期、机器运行记录等，一般难以造假。

在收入方面，农业种植的总面积是确定的，可以通过土地流转面积核查确定。畜牧养殖的总产能是有限的，可以通过核查养殖场生产能力确定。

在成本方面，水电费可查水电表。人工费可以抽查核实并结合当地政府公布及调查的工资水平确定。雏畜、雏禽费可以通过延伸核查及查看雏畜、雏禽的饲料、兽药用量确定，种子费可查看拌种剂的使用量，不同种子、不同化肥、不同农药以及种苗、化肥、农药的数量有关联关系，不同雏畜、不同饲料、不同兽药以及雏畜、饲料与兽药之间同样存在一定的关联关系，这些均可根据不同产品的用量进行估算。

在资产方面，应收账款的核查不能满足于函证，应延伸核查。在缺少科技手段的情况下，生物资产的核查以现场抽样核查结合延伸核查，固定资产与在建工程核查可延伸至建材供应商等。同时，要注意固定资产与在建工程的设计产能与实际产能、设备折旧与实际折旧、土地地价情况、拆迁政策、环保设备缺口、未来设备更新计划与现状等问题。

在负债方面，对采购的应付账款的下游可进行逐次延伸核查。对有疑问的其他应付款的核查，不仅仅要进行询问，一样可以延伸核查。

在所有者权益方面，要与律师一起，在复核股东资格、代持等问题的同时，核查项目企业实收资本的真实性及资金去向，由于这涉及农业企业股权的真实性及多项权益，应引起足够重视。

五、案例分析

案例一：某果园财务尽调

在对果品加工厂家的延伸核查中，涉及果园种植的核查。

除财务核查外，总体种植面积通过土地流转协议进行核查，一亩地一年的产量是可以大体匡算出来的，根据其管理水平可大体知晓其优品合格率，根据其在手合同匡算其商品转化率，最终得出其大体的销售收入。

在成本核查方面，每亩成本主要就是种苗、肥料、农药、人工等费用，种苗数量可根据平均间距算出，农药中的除草剂、杀虫剂、杀菌剂等不同用量可大体测算，不同肥料根据果树数量可大体测算。

案例二：某猪场财务尽调

除了财务报表数据核查，在非财务数据方面可以做大量数据收集、整理工作。

在收入方面，猪场一年产量产能是有限的，根据其母猪数、分娩胎数、活产仔数、断奶仔猪数、保育成活数、上市肉猪数以及设计产房每单元的栏数等，结合市场价格，收入总数是可大体估算的。

在成本方面，饲料、兽药用量与母猪、仔猪、保育猪及肉猪的数量有关。

资产和负债方面，现金、银行存款盘点同一盘审计，应收应付账款、其他应收应付款进行延伸核查，生物资产现场屠宰，进行肉品检验，固定资产、在建工程进行工程量复核等。

案例三：某渔场计划进行融资

存在渔业公司与专业合作社混合记账的问题，先解决混合记账的问题，对人工费、饲料费、鱼药费分别整理，能单独划分的单独划分，不能单独划分的按照比例划分。

在收入核查方面，渔场的总面积有合同可以体现，小龙虾、青鱼等放养的面积不同。一年的养殖时间可查记录。在技术未升级、养殖面积不变的情况下，养殖数量可参考以前年度。

在成本核查方面，人工成本基本按照实发工资计算，由于当年发生了渔害，用药较多。

第十章　农业企业的行业研究

天下事当于大处着眼，小处下手。行业研究除了客观、详细之外，更需要深入了解行业，不仅帮助企业了解行业的全景和变化，还要为企业发展找到“着手点”和“着力点”。农业企业开展行业研究十分有必要，对于提升企业负责人的计划能力和决策能力大有裨益。

第一节　行业研究概述

行业研究是指以“产业”为研究对象，研究产业内部各企业间相互作用关系、产业本身发展、产业间互动联系以及空间区域中的分布等。目前，产业研究主要集中于细分市场研究和产业内细分产品研究两方面。

一、行业研究的目的

一是研究行业的生存背景、产业政策、产业布局、产业生命周期、该行业在整体宏观产业结构中的地位以及各自的发展演变方向与成长背景。

二是研究各个行业市场内的特征、竞争态势、市场进入与退出的难度以及市场的成长性。

三是研究各个行业在不同条件下及成长阶段中的竞争策略和市场行为模式，给企业提供一些具有操作性的建议。

二、行业研究的内容

1. 行业环境分析：行业环境是对企业影响最直接、作用最大的外部环境。

2. 行业结构分析：行业结构分析主要涉及行业的资本结构、市场结构等内容。一般来说，主要是行业进入障碍和行业内竞争程度的分析。

3. 行业市场分析：主要内容涉及行业市场需求的性质、要求及其发展变化，行业的市场容量，行业的分销通路模式、销售方式等。

4. 行业组织分析：主要研究行业对企业生存状况的要求及现实反映，主要内容有企业内的关联性、行业内专业化和一体化程度，规模经济水平，组织变化状况等。

5. 行业成长性分析：是指分析行业所处的成长阶段和发展方向。当然，这些内容还只是常规分析中的一部分，而在这些分析中，还有不少一般内容和特定内容。例如，在行业分析中，一般应动态地进行行业生命周期的分析，尤其是结合行业周期的变化来看公司市场销售趋势与价值的变动。

三、纵深研究

行业研究分为一般性研究和专业性研究、浅表性研究和纵深研究，只有进行纵深研究才能真正发现公司的价值形成和来源构成。要进行行业的纵深研究，必须在深入调查的基础上进行大量的基础研究和实证分析。例如，不同行业间的技术传递和转移过程，直接关系不同行业的兴衰和转化的过程，对于这一问题的研究，就是纵深研究的范畴。

第二节　行业研究心得

一、要重视行业研究

行业研究是一门严谨的科学活动，对于企业家而言非常重要。笔者接触了不少农业企业家，真正重视行业研究的很少。不少企业负责人认为自己经营了很多年的企业，对行业非常熟悉和了解，不需要进行行业研究，这是错误的观点。“不谋全局者不足以谋一域”，行业研究就是谋全局的一个重要手段，农业作为弱质行业，农业企业的经营风险高，更应该重视行业研究。

（一）行业内外环境都在不断变化

行业内外环境的不断变化是不以人的意志为转移的，就算是行业内的领军企业也不能保证始终保持领先地位。进入互联网时代之后，跨业、跨界现象更是频频发生，企业经营的不确定因素进一步增加，行业研究的外延进一步扩展，行业研究的重要性更加凸显。农业企业受政策、自然环境等的影响更大，行业研究的重要性不言而喻。

（二）个人的见解总是有局限性的

企业负责人事务繁多，有的时候不免受到各种信息的干扰。行业研究在一些重要的事务判断上能够帮助企业负责人扩展信息源和思路，帮助企业进行正确决策。新时代农业企业负责人需要更高的素养，行业研究不失为一个提升素养的方法。

（三）宏观研究需要宏观的资源

行业研究主要还是宏观研究，宏观研究需要的至少是行业整体的资源，例如政策方向、经济规模、技术动向、舆论态势等。这些内容在企业内部不一定能够找得到，有的内容能够从政府部门、协会、科研机构及咨询公司等外部渠道获取，有的只能企业自己去实验。国家对农业一向重视，每年的1号文件就是例证，农业企业要有主动研究行业、主动对接宏观资源的意识。

（四）行业研究能够为企业决策提供参考依据

行业研究不是几个人在一起随便喝喝茶就能做好的，对行业全景和变化的识别本身就不容易，这需要消耗大量的人力、物力，洞察行业更是不简单，有的时候需要进行大量的实验验证，有这样的精神去做行业研究得出的结论才会有价值。

（五）前瞻性的行业研究能够帮助企业决胜未来

行业研究并不局限于过去和当前，行业研究最有价值的事情是着眼未来。研究农业不同时期的情况、研究其他国家和其他行业的问题、开展实证研究等，在永恒的变化之中寻找不变的规律，这样的行业研究必定是有价值的。

二、做好行业研究可以借鉴的方法

首先，要了解一个行业，最直接的方式就是看上市企业的财务报告，这些财务报告都是公开的。阅读一份财报，就可以了解很多基本的信息：这家企业的所有权性质、主要业务、主要客户、收入结构、成本结构、员工规模、人才结构、战略方向、主要风险等，即便你真正想了解的企业是非上市企业，它也必定与其最主要的竞争对手有很多相似之处。所以阅读财报可以让你对这个行业里的主要企业有一个基本的了解，不至于提一些太离谱的问题或者建议。

其次，让自己进入这个行业的会话层。要进入一个行业的会话层，必须得了解这个行业当下的趋势。有些人会推荐跟行业里的朋友聊天，但时间紧迫，可以研究材料为主，以与朋友聊天为辅。行业趋势的最佳来源是麦肯锡之类的管理咨询公司做的行业分析。

最后，争取提出令人眼前一亮的观点。快速了解一个行业不是为了显示自己的学习能力，而是为了使自己的专业技能在这个行业中得到运用。所以关键在于把你自己的专业、技能、知识、经验和这个行业的情况相结合，提出一些别人没有提过的东西。所以，在做了前两步功课之后，至少应该给自己留出一整天的时间来回答这样三个问题：①这个行业所面临的痛点有哪些？②哪些痛点对于业内人士是最紧迫的？③如何把自己的专业技能与这些痛点结合起来？前两个问题的答案应该是相对客观的。提出观点这部分，就是专业人士站在自己专业领域的命题作文，能不能讲出亮点，第一靠快速理解目标行业的小聪明，最重要的还是靠在自己专业领域里的造诣。

《销售无处不在》的作者一默是恒嘉智略咨询有限公司的创始人，他说“了解一个行业”这件事本身不太可能快速完成。不过，如果我们只是想摸清楚最基本的情况，我们可以通过几个关键问题着手。这些关键问题围绕着一个根本问题：这个行业的链条是如何运转起来的？

①这个行业的存在是因为它提供了什么价值?

②这个行业从源头到终点都有哪些环节?

③这个行业的终端产品售价都由谁分享?

④每个环节凭借什么关键因素，创造了什么价值获得他所应得的利益?

⑤谁掌握产业链的定价权?

⑥这个行业的市场集中度如何?

而信息获取的渠道则包括：①金融投资机构的行业报告；②咨询公司的分析报告；③行业交流网站或论坛的热门帖子；④业内企业的培训课件；⑤参加行业展会或者论坛；⑥从业者的私下交流。其中①～④，都可以通过网络搜索获得。

三、做好行业研究要下真功夫

如何做好行业研究？笔者阅读过大量的行业研究报告，不少行业研究报告没什么价值，不能为企业经营决策提供什么有价值的信息。作为一个农业行业内的从业者，笔者认为，行业研究绝不能寻章摘句做花样文章。行业研究是研究工作，一定是严谨的社会科学活动。在做行业研究时，除了大量阅读行业资料、参加行业会议和做大量访谈外，要深入一线进行实地调研。过去，笔者做行业研究曾摆过摊、在农村住过 10 元/天的宾馆、凌晨在田地里看农民收获、到小龙虾厨师学校学过如何做小龙虾等，这些内容虽然辛苦，但得到了大量一手真实信息，一些信息甚至与大众观点相左。

从宏观、中观到微观，行业研究要纵览全局、深入一线，为企业用最小的成本实现最大的收益找到精准的着力点。

（一）借用内脑与外脑

行业研究要依靠关键人员，“读万卷书不如行万里路，行万里路不如高人指路”，有的时候是有道理的。行业研究的关键是人，一方面，思考的过程离不开人，离不开人的思考、整理、归纳，另一方面，信息搜集过程也离不开人，离不开人脉、交际、交流信息。

（二）从历史、现在到未来

当下固然重要，但行业的历史也是值得研究的。行业的历史和当下是未来发展的基础，任何事情的发生不是空中楼阁，必然有前后联系。

（三）从领军企业、中小型企业到微型企业

行业内的领军企业是要重点研究的对象，进行行业研究绝不能满足于上市公司和咨询公司的报告，有必要的时候，必须要实际接触其人员、产品等，其竞争对手和诉讼相对人也是不错的调研对象。中小型企业和微型企业要有选择性地进行实地调研，选择方法可以根据资源、特质等来决定。

（四）行业内核心要素单位

一个行业，除了企业，必然有政府主管部门、行业协会、科研机构、大学、行业内媒体等单位，这些单位都应接触。

（五）从本行业、相关行业到不相关行业

本行业内的相关企业之间有重要的联系，例如上下游企业。而一些不相关行业，有时候也会产生重要的联系，这在互联网时代已经不是什么新鲜事，例如农业与全球定位系统主管部门。

（六）从理论到实证

行业研究应该有结论，得出这些结论有一个从理论到实证的过程。实践是检验真理的唯一标准，行业研究就是要从实践中来，回到实践中去。

四、关于行业研究的一些误区

（一）行业研究要最全、最准的信息

做行业研究，很容易陷入一个误区就是认为只要能找到最全的、最准的信息，就能做好行业研究。事实上，行业研究也是为决策服务的，行业研究有时间和目的要求，没有最全、最准的信息这一要求。

（二）行业研究主要依托专业咨询机构

企业达到一定规模，有全行业研究的需要时，当然可以考虑借用专业咨询机构的资源。但更多的农业企业是没有达到那样的规模，这个时候就要靠企业自己去做行业研究。行业研究的层次、区域、角度、时间要求等都可以相应设定。

（三）行业研究与市场调研是一个事情

市场调研是行业研究的一部分，行业研究不仅仅是市场调研，除了人、财、物、产、供、销等企业经营要素之外，行业研究涉及行业发展的多个关键性问题，例如政策导向、法律法规、行业文化、产业技术壁垒等，这些均不是一家企业、一个时点的事情。有很多问题，当下看不出来，长远看来却成了影响企业发展的关键要素。

五、农业行业研究的几个要点

农业作为第一产业，是国民经济的基础行业，不仅为广大人民群众的衣、食、住、行提供的保障，也为工业生产提供原材料。农业有 60 多个细分行业，农业行业有其自身特点，相比于第二产业、第三产业，农业行业研究要有一些不同的要点。

（一）农业行业研究要特别关注政策的导向

农业作为基础行业，政策导向明显，各地产业政策各年可能有变化，相应

的补贴金额、用地政策、政府采购力度等有所不同。行业研究不仅要关注中央1号文件等宏观政策，还要关注具体政策的落实情况等。

（二）农业研究要注意周期问题

猪周期、鸡周期、牛周期等，大家不陌生，农业研究的一个重要内容就是周期，这一点不同于第二、第三产业。

（三）农业研究要注意舆论导向

粮食安全、食品安全等问题不是小事，农产品滞销问题常有发生，有时候此类问题可能对行业发展产生关键影响。

（四）农业研究要关注行业外关键技术

很多关键性的工业、服务业技术正在深刻影响着农业的发展，例如生物技术、物联网技术、5G 通信技术等。

（五）农业研究要关注互联网的影响

互联网已经深入到了农业的各个环节，工业互联正在如火如荼地发展，笔者相信，工业互联将引领农业的未来。

六、农业企业运用行业研究报告的关键实务

作为农业企业的负责人，进行行业研究不是为了专业搞科学研究，主要还是为企业发展服务。笔者以为，行业研究报告的作用主要有以下三点。

（一）对过去经营进行战略复盘

关于复盘有很多著作，例如柳传志的《我的“复盘”方法论》、叶峰的《战略复盘》、邱昭良的《复盘+：把经验转化为能力》等。行业研究本身就是一个很好的复盘方法，研究行业过去的成与败，将为未来经营提供重要的决策参考依据。

（二）为未来发展找到突破点

一家示范连锁店、一台人工智能设备、一套供应链管理应用程序等，均有可能在互联网时代的背景下成为突破点，进而引爆行业变革。

（三）培养团队产业运营能力

从企业家到产业家，是农业企业负责人运营思维跃升的关键。农业企业负责人有目的地带领整个团队开展行业研究，以产业思维来运营企业，是提升团队运营能力的重要抓手。

七、投资机构任用行业研究报告的关键实务

行业研究报告对投资决策的作用很多，笔者认为通过行业研究报告至少可以达成以下三个重要目标：初步找到值得投资的公司；找到行业突破的关键点；找到未来投资布局的方向。如何达到以上三个目标？笔者认为以下三个方

面较为重要。

（一）把握关键量

1. 匹配总量。每一个产业都有经济总量的概念，经济总量可以按照产前、产中、产后、深加工等分解到产业链的不同环节，经济总量还可以按照国内国外、不同地域等进行分解。作为企业，结合自身特点，有多大实力就做多大的事情，相应进行资源匹配，有序开展运营。作为投资机构，相应确定投资标的。

2. 基于存量。对存量一定要有足够的重视，企业经营首要任务是生存，创新固然重要，但并不是第一位的因素。在存量中生存，在存量中找寻突破的机会，是投资中小农业企业要考虑的基本内容。

3. 创造增量。增量市场的创造，可以有很多选择，老产品新市场、新产品老市场、新产品新市场等，在互联网背景下，以客户为中心的运营更是存在着无限可能。

4. 突破分量。从 0 到 5%、从 5%至 10%、从 10%到 30%、从 30%到 51%乃至更多，都是市场份额的突破，用通俗话说，就是更有“分量”。市场占有率突破是企业实现进阶和相对垄断的关键标志，也是投资公司开展投资需要考虑的重要指标。

（二）突出关键点

1. 控制源头。农业产业的运营，一般都会涉及种业以及专利。无论是育繁推一体化还是产学研相结合等，源头的集中度问题是行业研究要关注的关键点。

2. 运营终端。一家企业要做大，终端运营十分重要。运营越是靠近 C 端，越有可能成为大体量的公司，进而影响上游。在终端运营中，新零售、特许经营等发展迅猛，值得关注。

3. 顺应周期。农业受周期影响很大，顺应周期是需要特别关注的点。周期是农业相关的行业研究报告的基本内容之一。

4. 突破效益。无论是种业、农业生产、食品加工还是终端运营，效益突破是进行资本运作的关键，在哪个环节突破、突破的程度如何等，值得关注。

（三）关注重点方向

1. 总体方向关注工业互联。商业互联网影响世界经济多年，工业互联正成为新的发展方向，其在农业中的深入应用正以颠覆性的态势快速推进。例如最近几年养猪业兴起的“猪脸视别”“精准饲喂”等技术，对养殖过程进行溯源和过程监控，有力推动了养猪业的发展。

2. 生物领域关注普适、特色。农业与生物技术息息相关，但生物技术的普适性常常成为项目是否成功的关键，很多农业新品种在不同地域、不同季度、不同团队操作下出现不同结果，这一点与该生物技术的特色互为平衡。例如，茶叶的地域特色很明显，销量难以突破，国内至今未有一家地域性茶叶主板上市公司，而立顿茶却是以加工茶叶为主，是全球茶产业龙头企业。

3. 加工技术关注性能突破。加工技术是农业现代化的重要领域，但当前加工技术领域还存在很多未突破的领域，尤其是农业机械性能不突出、存在重复建设的问题。例如牛奶杀菌技术未突破前，牛奶保鲜未能突破一周，牛奶加工企业一直规模较小，后来杀菌保鲜技术突破，高温巴氏杀菌奶诞生，牛奶保鲜可以达到 6 个月，世界奶业巨头由此一步步诞生。

4. 终端运营关注效能稳定。在新零售业务中，特许经营、直播是常见业态，效能稳定是评判运营成败的关键。例如，当前不少企业开始直播带货，但多数是昙花一现，将直播等同于互联网运营，这根本是错误的。

后　记

《点金农业——农业企业财金管理》终于出版了，其间有很多的纠结与不安，也有很多的收获与温暖。

农业行业是国民经济基础行业，是较为弱质和国家补贴较多的行业。农业受自然的影响相对较大，财务作为现代管理制度对生物资产等的核算天然存在缺陷。农业企业的负责人多数是从营销或是生产、技术岗位而来，较少出自财金管理岗位，农业企业似乎天然有一种与财务和金融的区隔。

笔者接触了很多农业投资机构负责人、农业企业，也阅读了很多农业类以及财金管理方面的书籍，发现真正切合农业企业当代实际的财金管理书籍不多。在中国农业企业行业中，其实不缺乏财金管理的经典案例，新希望、大北农、通威、隆平高科等上市公司，很多都是值得学习的对象。当然，也有蓝田股份、万福生科、绿大地等反面典型。笔者深感中国农业企业在财金管理方面的困惑，也惊叹于成功企业的不凡表现。尤其是那些收入规模在500万元～2亿元的中小型农业企业，缺少财金思路和财金工具支持的不在少数。

这些年，中国农业发生了很多的变化。各种科技在农业领域的发展让人目不暇接，“大智移云”给农业带来了翻天覆地的变化，新的财金管理理念深入人心，过去农业财金管理难以解决的生物资产盘点问题、现金支付管理问题、股权融资难等正在得到解决，这给农业企业的财金管理工作也提供了新思路、新方向，也带来了新挑战。同时，财金管理领域也在不断发展，很多具有实战、实用、实效意义的先进理念和方法不断涌现。由此，笔者有了一个想法，想写一套关于中国农业企业财金管理转型实战、实用的书，本书是一个开始，希望能够给读者朋友们带来一些启发。

本书的出版，首先要感谢中国农业出版社有限公司的鼎力支持。编辑边疆为本书进行了大量的校稿、编辑工作，我们一起多次修改，几易其稿。

其次，要感谢家人和合作伙伴的支持，你们是最强大的后盾和动力来源，让我们真正地感受到了热爱和团队的力量。

最后，感谢一路相伴的朋友们，农业财金这条路不平凡，我们深知自己还有很多的不足，是你们的鼓励让我们一路坚持到现在。我们也欢迎批评，真挚的批评促进我们进步。

征途漫漫，砥砺而行。再次衷心地感谢大家！

夏雪峰　靳铮

二〇二一年十月二十八日